ERDOGAN

OU LA HAINE DE L'OCCIDENT

DU MÊME AUTEUR
CHEZ LE MÊME ÉDITEUR

La troisième Guerre mondiale a commencé (2002)

Islam-Occident, la guerre totale (2004)

10 questions sur la Turquie… et 10 réponses qui dérangent (2005)

L'Iran dans la Troisième guerre mondiale (2006)

De la crise à la guerre (2011)

Le monde s'embrase (2013)

Le djihad à la conquête du monde (2015)

LAURENT ARTUR DU PLESSIS

ERDOGAN

OU LA HAINE DE L'OCCIDENT

Jean-Cyrille godefroy

ISBN : 2865533138

Collection Le Cercle Aristote,
dirigée par Pierre-Yves Rougeyron

ISSN : 2728-6274

www.editionsjcgodefroy.fr

INTRODUCTION

ERDOGAN : UN GÉNIE POLITIQUE

Recep Tayyip Erdogan est un génie politique. Son habileté manœuvrière a engendré l'installation durable des islamistes au pouvoir en Turquie en mettant fin aux dissolutions répétées de leurs mouvements par les militaires. Après une première étape, émaillée de déclarations chargées d'islamisme radical et d'agressivité contre l'Europe et l'Occident lui ayant valu la confiscation de son mandat de maire d'Istanbul et la prison, Erdogan a bouleversé la stratégie islamiste de conquête du pouvoir en Turquie. Il a cofondé un parti cultivant une rhétorique modérée, pro-européenne et pro-occidentale, à rebours des usages de son milieu d'islamistes intransigeants. Cet *aggiornamento* scandaleux aux yeux des puristes lui a permis de séduire les élites de l'Union européenne, de conquérir le pouvoir et surtout de s'y maintenir.

Après avoir castré politiquement l'armée turque, gardienne autoritaire de la laïcité, par le développement des libertés publiques visant à la priver de ses leviers de commande politiques, Erdogan a opéré un virage à 180 degrés : il a saccagé les libertés publiques qu'il avait développées, réprimé les élites turques kémalistes, c'est-à-dire laïcistes et pro-occidentales, ainsi que les opposants d'autres horizons.

Il a lancé la Turquie dans une politique de revanche sur l'Occident responsable du démantèlement de l'Empire ottoman au sortir de la Première Guerre mondiale.

Cette revanche, Erdogan, lié aux Frères musulmans, la place sous la bannière d'Allah. Il veut faire de la Turquie l'État phare de l'islam, tout au moins de l'islam sunnite (85 à 90 % du monde musulman). Il a déjà lancé des opérations de reconquête, en Libye, en Syrie, dans le Caucase, en Méditerranée orientale. Il projette son influence au-delà, en Asie centrale, en Europe… Il ambitionne de restaurer le Califat ottoman.

Un délire lié à l'*ubris*, la démesure ? En réalité, Erdogan est à prendre très au sérieux. Islamiste passionné, doué d'un grand talent politique, il est persuadé que le destin de l'islam est de prendre sa revanche sur l'Occident et de repartir à la conquête du monde.

En 2005, j'avais écrit un livre intitulé *10 questions sur la Turquie et 10 réponses qui dérangent* (éditions Jean-Cyrille Godefroy). À ce moment-là, Erdogan était la coqueluche des élites occidentales qui voyaient en lui un islamiste « modéré », un « islamo-démocrate » ressemblant aux chrétiens-démocrates allemands. Ces élites souhaitaient vivement l'entrée de la Turquie dans l'Union européenne. Dans ce livre, je prenais le contrepied de cette vision qui dominait le débat public. J'annonçais qu'Erdogan installerait une dictature et réislamiserait la Turquie, après avoir neutralisé politiquement l'armée turque adepte d'un despotisme éclairé visant à maintenir les islamistes à l'écart du pouvoir. J'annonçais que son adhésion aux critères de Copenhague imposés aux candidats à l'entrée dans l'UE (pluripartisme, libertés publiques…) et son inclination affichée pour l'Europe et l'Occident se mueraient en une hostilité ouverte. J'annonçais qu'il lancerait la Turquie, chouchou de l'OTAN, dans une politique étrangère agressive d'inspiration néo-ottomane.

On y est.

PREMIÈRE PARTIE

LE KÉMALISME : UN COUVERCLE POSÉ SUR LA MARMITE ISLAMISTE

Chapitre I

La parenthèse kémaliste

Au sortir de la Première Guerre mondiale, Kemal Atatürk contraignit la Turquie à une certaine laïcité : l'emprise de l'islam sur l'Empire ottoman lui semblait avoir causé sa perte. Mais au lieu de séparer la religion et l'État comme l'a fait la loi française de 1905 sur la laïcité, il institua un ministère des Cultes (Diyanet) *salariant et contrôlant le personnel religieux musulman. Il inféoda l'islam à l'État, contrairement à la période ottomane où l'islam avait dominé l'État. Mais la consubstantialité de la Turquie et de l'islam demeurait.*

Mustapha Kemal, libérateur de la Turquie

Un général au physique de jeune premier

Début 1916 : un général ottoman de 35 ans faisait son entrée dans l'Histoire. Ce *pacha* (général en turc) au regard bleu acier avait le physique d'un jeune premier hollywoodien. Sous le commandement du général allemand Otto Liman von Sanders, il avait joué un rôle décisif dans la victoire inattendue de l'armée ottomane sur les forces de débarquement alliées lors de la sanglante bataille des Dardanelles qui avait eu lieu du 18 mars 1915 au 9 janvier 1916. Son flegme, son audace, l'acuité de son jugement et son tempérament exceptionnel d'entraîneur d'hommes avaient renversé la situation. Pendant la bataille, il avait exhorté ainsi la troupe : « *Je ne vous ordonne pas de combattre, mais de mourir* ».

La presse ottomane qualifia le général Mustapha Kemal de « *sauveur des Dardanelles et de la capitale* ». Il était devenu un héros national.

Kemal « le victorieux » *de la guerre d'indépendance*

Si Kemal Atatürk avait arrêté l'ennemi en 1915-16, celui-ci dépeça ce qui restait de l'Empire ottoman au terme de la Première Guerre mondiale. C'est alors que le héros des Dardanelles rencontra son destin de « Père des Turcs » (Atatürk). Il n'accepta pas l'occupation alliée de l'Empire et son démembrement par le Traité de Sèvres du 10 août 1920 signé par le Sultan Mehmed VI et les Alliés : inféodation de la majeure partie de l'Anatolie aux Français, Italiens, Britanniques, indépendance de l'Arménie dans le Nord-Est, autonomie du Kurdistan sous contrôle britannique dans le Sud-Est, attribution de la Thrace orientale et de Smyrne et sa région au Royaume de Grèce, placement des Détroits sous l'autorité d'une commission internationale. La souveraineté turque était confinée à un tiers du plateau anatolien, dépourvu de ressources. Une souveraineté tronquée : la Turquie n'avait pas le droit de posséder une armée, seulement une gendarmerie ; une commission étrangère administrait ses finances qu'elle affectait principalement au remboursement des « dettes de guerre » du vaincu et à l'entretien des troupes d'occupation.

Kemal Atatürk organisa une insurrection armée contre le gouvernement impérial coupable de soumission aux vainqueurs et installa un nouveau pouvoir politique dans une ville de l'Anatolie centrale, Ankara. De ce refuge éloigné des Détroits, il dirigea les guerres civile et d'indépendance turques.

Le général Mustapha Kemal donna la pleine mesure de ses talents de stratège militaire et d'organisateur. Après avoir vaincu les troupes gouvernementales, il défit les armées arméniennes et italiennes, puis les forces grecques. Au passage, Mustapha Kemal réprima les autonomistes kurdes. Les troupes anglaises et françaises quittèrent à leur tour le pays.

1er novembre 1922 : Kemal le *Gazi* (victorieux), ainsi qualifié par les députés de la Grande Assemblée nationale de Turquie instituée en avril 1920 et présidée par lui, déposa le sultan Mehmed VI. Motif invoqué : il avait signé l'armistice de Moudros le 30 octobre 1918. C'était une capitulation sans conditions, donc une traîtrise aux yeux de Mustapha Kemal.

Signé le 24 juillet 1923, le Traité de Lausanne annula celui de Sèvres de 1920. Il entérina le nouveau rapport de forces engendré sur le terrain par l'épopée militaire du général Kemal. Le Traité organise un exode massif des populations grecques d'Asie Mineure et turques de Grèce. La Turquie obtint son indépendance dans ses frontières actuelles englobant l'Anatolie et la Thrace orientale. Seul ajout postérieur : le sandjak d'Alexandrette (4 700 km) soustrait à la Syrie en 1939. Les troupes françaises et anglaises quittèrent le territoire national.

Prémisses historiques du kémalisme

Le réformisme Jeunes-Turcs dans l'Empire déclinant

Lorsque Mustapha Kemal arriva au pouvoir, il mit en œuvre des réformes drastiques ayant un lien de filiation avec le courant réformiste qui avait travaillé l'Empire ottoman depuis la seconde moitié du XIXe siècle. De 1908 à 1918, ce courant avait débouché sur l'accession au pouvoir du mouvement Jeunes-Turcs désireux de rétablir la Constitution de 1876. Celle-ci reconnaissait la liberté de religion ainsi que de nombreux droits civils et politiques aux Ottomans, quelle que soit leur appartenance religieuse, parce qu'elle les voulait égaux devant la loi.

La Constitution de 1876 n'était restée en vigueur que quelques mois seulement. Le sultan panislamiste Abdülhamid II, bien que porté au pouvoir par un courant réformiste et libéral, la suspendit un peu plus d'un an après sa promulgation. Il renvoya *sine die* en février 1878 le Parlement qu'elle avait institué et rétablit le pouvoir absolu jusqu'en 1908.

L'abandon du communautarisme par Abdülhamid II

Abdülhamid II axa sa politique sur un panislamisme visant à réunir autour de sa personne les musulmans de cet Empire agonisant, en assignant aux minorités le rôle de boucs émissaires. Cette conception unitaire reniait le système impérial traditionnel des communautés (les *millets*) et préfigurait le système de l'État-nation qui naîtrait après la Première Guerre mondiale.

Les Arméniens, en particulier, pâtirent cruellement de cette politique d'épuration ethno-religieuse. Le sultan

Abdülhamid II ordonna personnellement, de 1894 à 1896, une vague de massacres contre eux à travers l'Empire ottoman, avec l'aide de régiments de cavalerie kurdes. Les Français le surnommèrent « le Sultan rouge » ou « le Grand Saigneur ». Bilan : 200 000 morts, 100 000 réfugiés, 2 500 villages dévastés, 568 églises rasées ou transformées en mosquées, 40 000 conversions forcées. Ces atrocités préfigurèrent le génocide des Arméniens qui ferait 1,5 million de morts en 1915 et jusqu'aux pogroms d'Istanbul et d'Izmir (beaucoup plus réduits) les 6 et 7 septembre 1955. Ce massacre fut l'œuvre des Jeunes-Turcs, au pouvoir depuis 1908 : ils appliquaient de manière fanatique le concept d'État-nation unitaire.

Déliquescence administrative et financière de l'Empire

Les massacres de 1894-96 n'enrayèrent pas le déclin de l'Empire d'Abdülhamid II. Dévoré par une mortelle crise financière, l'État maintenait le fonctionnement des services publics grâce aux avances de la Banque impériale ottomane, qui était en réalité une banque franco-anglaise fondée en 1863. Le décret de Muharrem du 20 décembre 1881 octroya à cette banque étrangère des droits exorbitants, tel celui de percevoir les principaux revenus de l'État ottoman (désormais gérés par un organisme *ad hoc* dénommé « Administration de la Dette publique ottomane »). En échange, la Banque ottomane pourvoirait aux déficiences financières de l'État.

C'est parce que cette banque franco-anglaise fut carrément instituée banque officielle de l'État ottoman qu'elle acquit le nom de Banque impériale ottomane, tout en gardant son statut de société étrangère... Surgit une meute de sociétés françaises, allemandes, britanniques, autrichiennes, belges, qui se virent concéder les principaux services publics, la construction des routes et des chemins de fer, l'exploitation des ressources naturelles, tout cela assorti d'avantages exorbitants.

La roue de l'Histoire avait tourné : les Européens spoliaient un Empire ottoman qui avait fait de même avec les pays d'Europe qu'il avait conquis jadis, engrangeant d'immenses richesses prélevées par l'impôt sur les peuples dominés s'ils refusaient de se convertir à l'islam.

La déconfiture financière de la Sublime Porte s'étalait sur une toile de fond faite de chaos administratif et de défaites militaires.

La révolution Jeunes-Turcs : nationalisme, jacobinisme, scientisme

Les principaux animateurs de l'opposition à la dictature d'Abdülhamid II étaient donc les Jeunes-Turcs, à travers leur comité « Union et Progrès » : ces intellectuels et officiers ottomans libéraux, francs-maçons, admirateurs de la Révolution française, du positivisme et du scientisme, voulaient abolir le système des *millets* pour faire émerger une citoyenneté ottomane fondée sur l'égalité devant la loi. Ils souhaitaient redonner de la vitalité à l'Empire ottoman en le libéralisant, pour le dégager du joug des puissances européennes. Au fil du temps, les Jeunes-Turcs accentuèrent le caractère moderniste et sécularisant de leur revendication réformatrice.

En 1908, les Jeunes-Turcs, en l'occurrence des officiers de Salonique, lancèrent leur révolution et obligèrent le sultan à rétablir l'éphémère constitution de 1876. Les populations s'enthousiasmèrent. Mais l'Empire ottoman guerroyait sur divers fronts, en Afrique du Nord et dans les Balkans, où il essuyait défaite sur défaite et rétrécissait comme peau de chagrin : aussi, ce premier élan libéral du gouvernement des Jeunes-Turcs se mua-t-il rapidement en une crispation centralisatrice et autoritaire axée sur le panturquisme, qui lui aliéna les sympathies des provinces arabes et celles des minorités.

Le point d'orgue de cette politique jacobine et centralisatrice des Jeunes-Turcs adeptes du siècle des Lumières et de la Révolution française fut l'atroce génocide des Arméniens en 1915. Pour autant ils ne réussirent pas mieux qu'Abdülhamid II à enrayer l'inéluctable déclin de l'Empire ottoman. Son engagement aux côtés de l'Allemagne dans la Première Guerre mondiale l'achèverait.

Kemal Atatürk héritier du siècle des Lumières de la Révolution française et du positivisme

Laïcité, jacobinisme, droit de vote pour les femmes

Esprit brillant féru de mathématiques et de stratégie, Mustapha Kemal étudia à l'École militaire puis à l'Académie militaire. Durant ces années de formation, il lit énormément : l'économiste et philosophe anglais libéral du XIXe siècle John Stuart Mill (favorable à la libération politique des femmes), des biographies de Napoléon 1er, des philosophes du siècle des Lumières, des positivistes comtistes… Il dévorait les journaux venus de Paris (il parle le français). Il était déjà obsédé par un projet révolutionnaire. En 1907, il se rapprocha un moment du Comité Union et Progrès avec lequel il partageait des convictions modernistes. Il s'inscrivait dans le courant de pensée qui, en divers endroits du monde musulman, s'interrogeait depuis le XIXe siècle sur son déclin et l'ascension concomitante de l'Occident : il fallait emprunter à ce dernier ce qui lui avait conféré sa puissance.

Quand Mustapha Kemal arriva au pouvoir, il n'était pas seulement un militaire talentueux. Il était aussi un penseur politique cultivé. Il avait une vision claire des transformations à mettre en œuvre pour faire entrer la Turquie dans une ère nouvelle la ramenant au premier plan de la scène internationale.

Aussi Mustapha Kemal imposa-t-il une série de réformes sur un mode brutal et précipité : en 1923, il créa un parti unique, le Parti républicain du peuple (CHP) et fonda la République dont il se fit élire président par le Parlement. En 1924, il abolit le Califat, important symbole religieux du monde sunnite. Poursuivant sur ce rythme, en 1925 il supprima les tribunaux religieux, les écoles coraniques (*madrasas*), les confréries religieuses. Il unifia l'éducation, interdit le port de tout costume religieux et du *fez*, ce couvre-chef masculin traditionnel en feutre rouge ayant la forme d'un cône tronqué surmonté d'un gland noir. Il remplaça les vêtements ancestraux par un habillement européen.

En cette même année 1925, Mustapha Kemal abrogea le calendrier musulman au profit du calendrier grégorien, adopta l'horaire international, substitua le dimanche au jeudi comme jour de repos, interdit le port du voile aux femmes. L'année 1926 vit l'annulation de la *Charia* (le droit islamique) et l'adoption du Code civil suisse, du Code pénal italien et du code commercial allemand. En 1928, Mustapha Kemal remplaça l'écriture arabe par l'alphabet latin, sépare d'une certaine manière l'État et la religion (voir plus loin), abolit la polygamie et rendit obligatoire le mariage civil. En 1931, il imposa le système métrique. Trois ans plus tard, il rendit l'instruction publique obligatoire et gratuite dans les écoles mixtes. Le vocabulaire arabo-persan fut évacué de la langue nationale. Prendre un nom de famille devint obligatoire. Mustafa Kemal choisit celui d'Atatürk, le *« Père des Turcs »*. Et, réforme singulièrement audacieuse pour l'époque, *a fortiori* dans un pays musulman, le droit de vote et l'éligibilité dans les élections nationales furent octroyés aux femmes. La Turquie était à l'avant-garde : les Françaises devront attendre avril 1944 pour obtenir ces droits.

Dirigisme économique

Concernant l'économie, Mustapha Kemal écarta le libéralisme pour un interventionnisme étatique volontariste d'inspiration soviétique. L'État supprima les concessions étrangères, nationalisa des grandes entreprises industrielles, fonda une banque d'État, lança de grands travaux, développa des infrastructures de communication, fixa des prix d'achat et de vente des principaux produits. Exception à l'esprit soviétique : il redistribua les domaines du Sultan aux paysans au lieu d'en faire des Kolkhozes.

Occidentalisme

Ce réformisme autoritaire imposant des idées européennes (sauf pour l'économie) à la Turquie afin de la faire entrer dans la modernité, rappelait l'ère Meiji *(« gouvernement éclairé »)* commencée en 1868 au Japon : le jeune empereur Mutsuhito, appelé Meiji, avait emprunté à l'Occident les concepts de la modernité pour enrayer la spirale de l'échec dans laquelle l'Empire du Soleil levant avait été piégé. Résultat éblouissant : à la mort de Meiji, en 1912, l'Empire nippon était devenu une puissance industrielle et militaire engagée dans une politique victorieuse d'expansion territoriale.

Mustapha Kemal Atatürk se tourna, lui aussi, vers la culture occidentale pour sortir la Turquie de l'état d'arriération où l'avait plongée un Empire ottoman fermé aux progrès scientifiques, technologiques et économiques ayant assuré la suprématie mondiale de l'Europe. Les oulémas sunnites avaient fermé, dès 935 sous le califat abbasside, les portes de l'interprétation du Coran *(ijtihad)* coupable de rationalité «*profane*» sans jamais les rouvrir. Ils avaient étouffé le développement de l'esprit critique, éradiqué les disciplines scientifiques dans les écoles coraniques et maintenu le monde musulman, donc l'Empire ottoman, à l'écart des progrès de la connaissance réalisés en Europe. Les conquêtes turco-mongoles du Xe au XIIIe siècle avaient accentué la fermeture des portes de l'interprétation. Si les tentatives de réformes (*Tanzimat*) mises en œuvre de 1839 à 1876 par le pouvoir ottoman avaient échoué, c'était en partie à cause du conservatisme religieux.

Kemal Atatürk entendait libérer la Turquie du joug des interdits religieux pour la propulser dans la modernité et lui faire ainsi regagner de la puissance militaire et politique. Pour mener à bien ce projet laïque, il s'appuyait, il est vrai, sur les progrès effectués par la pensée réformiste dans les milieux intellectuels et la bourgeoisie d'affaires des grandes villes au cours des dernières décennies de l'Empire ottoman. À cette époque, l'Occident fascinait une grande partie des élites politiques et intellectuelles du monde musulman.

Laïcité kémaliste versus laïcité française

Héritier des tendances modernistes ayant marqué les dernières décennies de l'Empire ottoman, Mustapha

Kemal alla beaucoup plus loin en imposant une laïcité qui, cependant, sera loin de celle instituée en France par la loi de 1905 sur la séparation des Églises et de l'État. L'article 2 de cette loi française dispose que *« la République ne reconnaît, ne salarie ni ne subventionne aucun culte »*. Rien de tel dans la laïcité kémaliste. Le 3 mars 1924, au lendemain de l'abolition du Califat, Mustapha Kemal créa au sein du gouvernement une Direction des Affaires religieuses, le *Diyanet*, directement rattachée au cabinet du Premier ministre. Rôle de cette institution, qui a perduré jusqu'à aujourd'hui : réguler et administrer toutes les questions de croyance et de rituel. Le *Diyanet* assure au sein de l'État une place à la religion (musulmane exclusivement), principalement dans le cadre de l'enseignement et de la pratique du culte. Le *Diyanet* forme les imams, les fonctionnarise, organise les pèlerinages à La Mecque. Contrôlant les prêches de « ses » imams, il arbitre entre les credo musulmans, donnant exclusivement droit de cité à l'Islam sunnite de l'école hanéfite et rejetant celui des confréries religieuses d'inspiration soufie, aux rites variés, difficiles à contrôler.

Mustapha Kemal ne put aller jusqu'à expulser totalement la religion des sphères de l'État, eu égard à sa prévalence dans l'histoire de la Turquie et l'âme du peuple. Bien qu'admirateur de la laïcité française, il lui fut impossible de la reproduire telle quelle en Turquie sous peine de déclencher une révolte populaire massive. Il connut la ferveur religieuse de la paysannerie anatolienne (80 % de la population) et des petits artisans et commerçants des villes.

Alors il biaisa, en choisissant un islam sunnite conforme aux impératifs unificateurs du jacobinisme, et lui attribua le statut de religion d'État aux dépens des confréries soufies, interdites et rejetées dans la clandestinité. Contrairement à sa lointaine cousine française, la laïcité turque n'a jamais reconnu l'égalité ni même la pluralité confessionnelle. Elle a, au contraire, officialisé la confession sunnite hanéfite, c'est-à-dire un islam plutôt orthodoxe et traditionaliste, aux dépens de tout autre courant musulman, et *a fortiori* de toute autre religion. La Turquie moderne inventée par Kemal Atatürk ne connaît pas de véritable séparation entre État et religion.

Pourtant, c'est dans la coercition et la douleur que le grand homme installa cette laïcité turque si différente de la française. Tout en réprimant brutalement les accès de résistance religieuse, il resta prudent : il attendit l'année 1937 pour insérer le principe de laïcité dans la Constitution.

Les deux exceptions au système de parti unique sous Atatürk

Lorsque Mustaha Kemal était au pouvoir, il délaissa deux fois le système du parti unique. En 1924 fut créé le Parti républicain progressiste (*Terrakkiper Cumhuriet Firkassi* ou TCF), partisan de l'instauration d'une démocratie libérale. Mais il vécut moins d'un an. Le gouvernement mit fin à son existence le 25 juin 1925. Motif invoqué : la révolte armée de Cheikh Saïd. En février 1925, ce prédicateur souleva le peuple kurde contre la toute jeune république kémaliste. Il invoquait avant tout un grief religieux, l'abolition du califat et la laïcisation imposée de force par le régime. Cette révolte, menée aux cris de « *À bas la République ! Vive le Sultan-Calife !* » était le fait des Kurdes sunnites. Les nombreux Kurdes alévis restèrent indifférents à la disparition du califat dont ils n'avaient jamais reconnu la légitimité.

Motivation subsidiaire de la révolte : l'opposition à la volonté gouvernementale de gommer l'identité culturelle kurde selon une conception jacobine de l'État. Les Kurdes étaient choqués de l'éradication de l'idée d'autonomie kurde par le Traité de Lausanne de 1923 alors qu'elle avait été garantie par le Traité de Sèvres qu'avait signé le Sultan en 1920.

La rébellion atteignit rapidement une vaste ampleur. Pour la réprimer, l'armée turque envoya dans le Kurdistan les deux tiers de ses forces : 90 000 hommes, dont 52 000 gendarmes appuyés par 100 avions. Avec des consignes impitoyables : « *On rasera les villages en territoire insurgé. Pas de quartier pour les rebelles et leurs familles. L'exemple sera terrible, pour qu'on s'en souvienne dans tout le pays* ! »

L'armée eut du fil à retordre. Il lui fallut deux mois et demi pour venir à bout de la rébellion dans un fleuve de sang (300 000 civils tués). Elle exécuta sa feuille de route avec une cruauté qui ne dérogeait pas à une tradition ottomane multiséculaire : femmes violées et éventrées, enfants égorgés ou cloués aux portes...

Cheikh Saïd déclara à son procès : « *La séparation de la religion et des affaires de l'État ne peut pas être considérée comme licite. Il faut se conformer à la Charia dans tous les domaines* ». Il fut pendu avec 52 compagnons de lutte.

En cette année 1925, l'impressionnante révolte islamiste conduite par Cheikh Saïd ne réussit pas à éradiquer le couvercle kémaliste posé sur la marmite turque. Pourtant, aucune autre révolte contre le régime d'Atatürk n'égalerait par la suite en ampleur et en dangerosité celle de Cheikh Saïd. Officiellement terminée fin avril 1925, elle eut encore des soubresauts les années suivantes. Elle incita le gouvernement à doper sa politique d'assimilation en turquifiant tout ce qui sonnait kurde : l'histoire, la langue, les noms des villes, les patronymes... Des dizaines de villages furent rasés, des milliers d'habitants évacués vers d'autres régions de Turquie.

Le gouvernement saisit l'occasion de ce formidable événement pour accuser le TCF de sympathies islamistes. Les dirigeants du parti furent arrêtés et traduits en cour martiale, certains exécutés. Il est vrai que l'expérience démocratique constituée par la brève existence du TCF avait été tronquée puisque ce parti n'avait pas eu l'occasion de participer à des élections : les 29 députés qui s'étaient réclamés de lui à sa création étaient issus du Parti républicain du peuple (CHP) de Mustapha Kemal. Quelques-uns avaient même été des combattants de la Guerre de libération nationale.

Seconde encoche au système du parti unique : la création du Parti républicain libéral le 12 août 1930 pour les élections du 5 octobre. Au fil des années, l'abstention avait augmenté. Les électeurs ne voyaient pas l'intérêt de se rendre aux urnes étant donné l'absence de choix politique inhérente au système du parti unique en vigueur. Voyant que le CHP et le Parlement s'éloignaient du peuple, Mustapha Kemal voulut y remédier par la création d'un parti d'opposition. En réalité, une opposition factice, car ce projet consistait à résoudre la quadrature du cercle : il fallait que le parti soit indépendant, mais docile. Il ne devrait en aucun cas porter atteinte au prestige du Président Kemal Atatürk.

L'un de ses amis, Fethi Okyar, présida cette nouvelle formation politique. Adnan Menderes, futur Premier ministre, la rejoignit. Mustapha Kemal semblait animé des meilleures intentions. Il donna cette feuille de route à Okyar : « *Je ne veux pas mourir avant d'avoir vu, en Turquie, la disparition d'un pouvoir personnel. Je veux que la République devienne entièrement démocratique* ».

Mustapha Kemal supprima la censure médiatique. Des articles et des caricatures le brocardèrent aussitôt. Des monarchistes, des anciens d'Union et Progrès et des communistes s'agrégèrent au Parti républicain libéral pour critiquer le gouvernement. Une véritable opposition, cette fois-ci, se déchaînait contre le pouvoir kémaliste à la faveur de la disparition de la censure. Les communistes déclenchèrent une grève à Izmir. Le Kurdistan eut tôt fait de relever la tête face au pouvoir central : des émeutes y éclatèrent. Une révolte islamiste éclata non loin d'Izmir en décembre 1930. Tout ce que le couvercle kémaliste avait enfermé sous haute pression était en train d'exploser.

Aux élections municipales du 5 octobre 1930, le Parti républicain libéral obtint un franc succès. Cet engouement populaire prouvait que la suppression du système de parti unique serait, à terme, fatale au kémalisme. Les conclusions furent tirées. Le régime accusa le Parti républicain libéral de fraude électorale pour disqualifier ses excellents résultats aux municipales. Le 17 novembre 1930, Fethi prononça la dissolution de son parti. Le bipartisme avait vécu.

Survivance du kémalisme jusqu'en 1946

Kemal Atatürk étant mort prématurément (en 1938, à 57 ans, d'une cirrhose du foie), son fidèle bras droit et ancien frère d'armes, Ismet Inönü, qui avait été Premier ministre de novembre 1923 à novembre 1924, devint président de la République de 1938 à 1950. Inonü s'efforça de maintenir le cap du kémalisme jusqu'en 1946. Notamment la composante dont la disparition ultérieure lui serait fatale : le système de parti unique.

Chapitre II

Le recul du kémalisme a commencé dès 1946

L'arrivée de l'AKP (Parti de la Justice et du Développement) au pouvoir en 2002 par une victoire aux législatives a résulté d'une réislamisation amorcée dès les années 50. La démocratisation de la Turquie, encouragée par l'Union européenne, a réduit le pouvoir de l'armée, gardienne de la laïcité kémaliste, et fait le lit des islamistes.

1946 : instauration du multipartisme

Le kémalisme n'aura pas survécu longtemps à Mustapha Kemal Atatürk. Dès 1946, 12 ans après le décès du grand homme, son successeur à la présidence de la République, qui fut le numéro deux du régime, Ismet Inönü, prit ses distances avec le kémalisme pur et dur en prenant des décisions qui auraient mis en fureur Atatürk : il autorisa l'ouverture des écoles religieuses, ainsi que, en 1949, la réouverture de la Faculté théologique à l'Université d'Ankara. Et surtout, dès 1946, Inönü porta une atteinte grave au kémalisme, protégé par le système du parti unique, en introduisant le multipartisme dans la Constitution.

Création du Parti démocrate, anti-kémaliste

Le Parti démocrate fut aussitôt créé. Il revendiquait les libertés religieuses et syndicales refusées sous Atatürk. Cela lui valut de remporter les élections législatives quatre ans plus tard, en 1950. Adnan Menderes, figure de proue de ce parti anti-kémaliste, accéda au poste de Premier ministre, où il se maintint jusqu'en 1960. Il exerça le pouvoir en tandem avec Celal Bayar, qui avait fondé le Parti démocrate en 1946, l'avait présidé jusqu'en 1950, et devint président de la République de 1950 à 1960.

Les deux hommes, gouvernant dans le contexte de la guerre froide, firent entrer la Turquie dans l'OTAN et le Conseil de l'Europe en 1952, et ils libéralisèrent l'économie. Ils entreprirent aussi d'éroder la composante laïque du kémalisme en réintroduisant l'islam dans la société civile et la vie politique : restauration de l'appel du muezzin à la prière en arabe, reprise de la construction des mosquées, enseignement religieux (islamique exclusivement) obligatoire dans le primaire, création d'émissions religieuses (uniquement islamiques) radiodiffusées, ouverture en 1951 des écoles dites *imam-hatip* (« imams et prédicateurs »). La vocation initiale de ces établissements était la formation de prédicateurs et directeurs de prières. Mais les ordres religieux ne tardèrent pas à enrichir leurs programmes de disciplines non religieuses pour y former une élite administrative et politique nouvelle, issue des populations de l'exode rural et imprégnée de traditionalisme.

Les digues de la laïcité turque se fissurèrent, déversant le flot islamique. En 1956, l'obligation de l'enseignement religieux (islamique seulement) s'est étendue aux écoles moyennes. En 1967, les cours de religion (facultatifs ceux-là) ont été réintroduits dans les lycées. Un autre signe de la réislamisation de la société turque pendant la décennie Menderes fut la reprise de la construction des mosquées : 5 000 furent construites de 1950 à 1960.

Les confréries religieuses soufies jouent un rôle majeur dans l'islamisme turc. Interdites par la Constitution de 1924, elles traversèrent la période du kémalisme dans la clandestinité, appréciées des couches populaires comme dépositaires du *« véritable islam »*, en opposition avec l'islam officiel de l'État turc. Bien qu'officiellement interdites par la Constitution de 1924 promulguée par Atatürk, le gouvernement Menderes, dans le cadre de sa politique de réislamisation, les a sorties de l'ombre en les tolérant sous la forme de fondations (*evkaf*). Reconnaissantes, les grandes confréries fondamentalistes apportèrent leur puissant soutien à Menderes et à son Parti démocrate.

Menderes opérait ce virage pro-islamiste pour flatter la paysannerie croyante (80 % de la population à l'époque) et se garantir un socle électoral indéboulonnable. Il en était venu à déclarer en 1956 à Konya : « *si le peuple le désire, on peut même rétablir le califat* ». Menderes entendait ainsi positionner le PD comme le seul parti habilité à gouverner au nom de l'islam. Il exerçait le pouvoir avec un autoritarisme de plus en plus marqué et la volonté de se rapprocher de l'URSS.

Coup d'État militaire de 1960

Cette première décennie islamisante que furent les années cinquante se termina fort mal pour l'équipe Menderes. Pour « sauver la république d'Atatürk » dans un contexte de grave crise financière, le 27 mai 1960, le général Cemal Gürsel prit la tête d'un coup d'État inspiré par le Parti républicain du peuple (CHP) fidèle au kémalisme.

Gürsel renversa le gouvernement, dissout l'Assemblée nationale, frappa le Parti démocrate d'interdiction et fit pendre trois de ses membres, dont Menderes lui-même.

Des arrestations massives remplirent les prisons. Le 7 juillet 1961, les militaires firent voter par référendum (61 % de oui) une constitution plus libérale que celle de 1924. Les législatives du 15 octobre 1961 entraînèrent la formation d'un gouvernement de coalition dirigé par l'ex-président de la République et chef du parti républicain du peuple (CHP) Ismet Inönü, figure historique du kémalisme. Le général Gürsel présida le pays jusqu'en 1966.

En 1961, l'armée se dota d'un outil de contrôle de la vie politique : le Conseil de sécurité nationale (*Milli Güvenlik Kurumu*, MGK), constitué de militaires et de civils. Ces derniers seront représentés par le Président de la République qui présidera, les vice-Premiers ministres et les ministres de l'Intérieur, de la Justice et des Affaires étrangères. Ils côtoieront les hautes autorités militaires que sont le chef d'État-major et les quatre généraux commandant les forces armées terrestres, navales, aérienne, et celles du maintien de l'ordre (la gendarmerie).

Les militaires avaient tiré les leçons des dérives notamment islamistes entraînées par l'instauration du multipartisme en 1946. Ils entendaient, par la création du MGK, prendre la main sur la vie politique turque. Ils espéraient canaliser le pouvoir civil au jour le jour plutôt que d'avoir à enrayer à terme une dérive du pouvoir civil par un coup d'État.

L'ordre kémaliste semblait rétabli.

Le coup d'État de 1960 avait été une franche réaction à l'islamisation amorcée par le PD. Il s'inscrivait dans la tradition laïciste du mouvement révolutionnaire Jeune-Turc qui avait démis le sultan Abdülhamid II en 1909 et inspira Kemal Atatürk.

Années 60 : nouveaux progrès de l'islamisme

Les anciens membres du PD le recréèrent en 1965 sous le nom de Parti de la justice (*Adalet Partisi*, AP), anti-kémaliste, qui récupéra l'électorat paysan religieux de Menderes. Résultat : il obtint la majorité absolue au Parlement en 1965. La revanche kémaliste aura été de courte durée. L'armature du Parti de la justice était une alliance entre la haute bourgeoisie industrielle et capitaliste occidentalisée et l'univers très religieux de la petite bourgeoisie de province et des grands propriétaires terriens. Le Parti de la justice, sous la houlette du Premier ministre Suleyman Demirel, cultivait un discours ambigu sur l'islam pour ne pas heurter la piété de la petite bourgeoisie. Mais les écarts de revenus s'amplifiaient entre celle-ci qui se paupérisait et la grande bourgeoisie qui accaparait les bénéfices de la croissance.

Nullement intimidé par le souvenir de la pendaison de Menderes, Demirel remit la Turquie sur les rails du conservatisme religieux en s'appuyant sur les confréries. Au risque d'exaspérer l'armée, Demirel n'hésita pas à afficher ses liens avec certaines d'entre elles. Il se montra aux côtés du dirigeant de la confrérie Nurcu, Fethullah Gülen. Il multiplia les déclarations anti-kémalistes : *« L'Islam est le fondement de l'unité nationale »*, ou bien *« La démocratie n'a pas nécessairement besoin d'un fondement laïque »*. Demirel assouplit progressivement les mesures visant les confréries, qui se reconstituaient. La loi de 1967 rétablit certains aspects du droit islamique ottoman. La vie politique turque penchait vers la réislamisation. De quoi faire se retourner dans sa tombe Kemal Atatürk.

Création du Parti de l'ordre national (islamiste)

L'année 1970 fut une nouvelle étape de la réislamisation de la vie politique turque. Demirel expulsa Necmettin Erbakan du Parti de la justice pour ses violentes diatribes contre la grande bourgeoisie occidentalisée et les orientations du parti lui-même. Du coup, Erbakan créa son premier parti, le Parti de l'ordre national (*Nizam Milli Partisi*, NMP). C'était le premier grand mouvement islamiste turc moderne. Il était placé sous l'égide de la confrérie religieuse des Naqshbandi. Un nouveau pas était franchi dans la réislamisation de la vie politique turque.

Les militants et sympathisants du NMP se recrutaient largement dans les couches populaires des campagnes, et des villes agrandies par l'exode rural des dernières décennies. Ils sont surnommés « les Turcs noirs ». À l'inverse, les « Turcs blancs » constituent les élites intellectuelles et économiques bourgeoises, laïques et occidentophiles adossées au kémalisme. Ils résident surtout dans les grandes cités du littoral. Ces villes se sont agrandies par agglomération d'une multitude d'habitations modestes abritant les Turcs noirs de l'Anatolie profonde affluant vers les grands bassins d'emploi. Les opulents quartiers bourgeois étaient assiégés par la marée populaire montante.

À cette époque, de graves troubles sociaux secouaient les centres industriels, où la gauche était puissante, tandis qu'un vaste mouvement de contestation déstabilisait les lycées et les universités. Une dévaluation de 66 % de la livre turque mit de l'huile sur le feu.

1971 : l'armée intervint à nouveau

Mars 1971 : nouvelle intervention de l'armée, qui cette fois ne se saisit pas directement du pouvoir, mais fit pression sur les civils. Elle obtint la démission de Demirel. Cette émule de Menderes avait facilité la réislamisation de la société turque. Le Conseil constitutionnel interdit le NMP pour ses *« positions antilaïques »*. La loi martiale fut rétablie. La répression s'abattit également sur les intellectuels et organisations de gauche, eux aussi montés en puissance au cours des années soixante dans un contexte d'essor industriel et de revendications sociales.

1972 : Création d'un nouveau parti islamiste

En 1971 et 1972, pendant la période de gouvernement militaire, Erbakan et ses collaborateurs s'exilèrent en Allemagne et en Suisse. En 1973, à la faveur du retour à la normalisation, cette équipe prit le contrôle d'un nouveau parti islamiste créé un an plus tôt par Arif Emre : le Parti du salut national (*Millet Selamet partisi*, MSP). Cette nouvelle formation obtint 11 % des voix et 48 députés aux législatives de 1973. Erbakan fut adjoint au Premier ministre lors de trois coalitions de 1974 à 1978, ce qui lui permit d'islamiser l'action gouvernementale : le *Diyanet* recruta 5 000 imams et muezzins pour la seule année 1974 et, deux ans plus tard, la Turquie adhéra à l'Organisation de la coopération islamique (OCI), qui regroupe 57 États musulmans disséminés sur quatre continents. La même année, elle organisa une conférence inter-islamique à Istanbul. D'autre part, Erbakan joua un rôle déterminant dans la décision d'envoyer l'armée turque occuper le tiers nord de Chypre en 1974. Ce coup de force en terre étrangère a préfiguré les aventures militaires d'Erdogan inspirées par un islamo-nationalisme conquérant.

Nouveau coup d'État militaire, mais « synthèse turco-islamiste » des militaires

12 septembre 1980 : encore un coup d'État militaire. Pour le déclencher, le chef d'état-major, le général Kenan Evren, a invoqué le prétexte d'une manifestation islamiste à Konyale le 6 septembre 1978, où avaient fusé des slogans anti-laïques.

L'armée fit interdire tous les partis politiques. Le Conseil constitutionnel dissout le MSP. Erbakan et d'autres dirigeants du parti furent emprisonnés *« pour avoir agi contre le pouvoir laïque »*. En 1982, Erbakan fut interdit d'activité politique pour dix ans. Toutefois cette interdiction fut levée en 1987 à la suite d'un référendum.

Malgré le « classicisme » du motif invoqué, cette intrusion de l'armée dans la vie politique turque ne rendit pas le même son que les précédentes. En réalité, cette fois-ci, les militaires devenaient parties prenantes à la réislamisation de la Turquie. Pour la première fois, ils se mettaient à utiliser une symbolique étrangère au kémalisme. Dans le cadre du coup d'État, ils firent défiler des banderoles insurrectionnelles écrites non pas dans l'alphabet latin imposé par Kemal Atatürk, mais en calligraphie arabe. Instigateur du putsch devenu président de la République par désignation constitutionnelle, le général Kenan Evren, fils d'imam, truffa ses discours officiels de références religieuses islamiques !

Étrange revirement ! En réalité, le souci premier de l'armée en ce temps-là n'était plus l'islam, mais le séparatisme kurde : le Parti des travailleurs du Kurdistan

(*Partiya Karkerên Kurdistan*, PKK), organisation politique armée marxiste et indépendantiste, avait été créé en novembre 1978 sous la houlette du fameux Abdullah Öcalan. Second sujet de préoccupation de l'armée : le déchaînement de la violence d'extrême gauche. Pour combattre ces deux forces qui menaçaient l'État, les militaires entendaient s'appuyer sur l'islam (sunnite) désormais. Soucieux de *« renforcer la cohésion nationale »*, ils avaient élaboré une *« synthèse turco-islamique »* visant à réconcilier les principes laïques de la Turquie moderne avec la tradition musulmane multiséculaire.

Cette étonnante volte-face s'inscrivait plus largement dans le contexte de la guerre froide : les États-Unis s'étaient alliés à l'islamisme mondial pour encercler le bloc soviétique. L'armée turque leur emboîtait le pas. Elle avait préparé le coup d'État avec leur appui. Pour Washington, il s'agissait surtout de juguler la poussée marxiste à l'œuvre en Turquie afin d'empêcher ce précieux allié de basculer dans l'orbite soviétique en pleine Guerre froide.

Nouvelle constitution, d'inspiration islamo-nationaliste

Inspirée par cet islamo-nationalisme, la nouvelle Constitution, promulguée en 1982, rendit obligatoire dans tous les établissements d'enseignement du primaire et du secondaire le *« catéchisme islamique »*, c'est-à-dire l'apprentissage du Coran. Le régime militaire souhaitait remettre entièrement l'enseignement religieux entre les mains de l'État, certes pour en écarter le courant islamique radical, mais surtout pour dynamiser le nationalisme turc avec une dose de Coran afin de vaincre les forces de gauche et l'irrédentisme kurde.

Tout à leur synthèse islamo-turque, les militaires introduisirent des islamistes dans toutes les structures de l'État, même dans les forces de sécurité. En outre, les militaires se montrèrent bienveillants avec les confréries islamiques. Ils multiplièrent les abandons de pouvoir en faveur des religieux. Par exemple, dès 1981, ils autorisèrent la *Rabita* saoudienne, une organisation wahhabite chargée de promouvoir l'islam dans le monde, à payer les fonctionnaires religieux turcs en Europe. Cela revenait à placer sous influence fondamentaliste des fonctionnaires de l'État turc ayant pour mission de véhiculer un islam « tolérant ».

Bien que chiite, la révolution khomeyniste iranienne de 1979 renforça le vent islamiste qui soufflait sur la Turquie. Barbes et foulards noirs se multiplièrent à la faveur de la levée de l'interdiction de ces attributs religieux. L'armée laissa se déverser un torrent de disques, vidéocassettes, séries télévisées, films, journaux, chantant la gloire de l'Empire ottoman et les louanges du prophète Mahomet. Message contenu dans cette abondante production : la nécessaire *« réislamisation »* de la Turquie afin qu'elle *« retrouve sa vocation islamique mondiale »*. Tout cela émaillé d'évocations haineuses des *« juifs »* et des *« croisés »* : judéophobie et anti-occidentalisme sont deux piliers de l'islamisme radical.

1983 : Naissance du Parti (islamiste) de la prospérité **(Refah Partisi, RP)**

Le jeu des dissolutions autoritaires de partis islamistes suivies quelque temps après de résurgences sous un autre nom se poursuivit. Le MSP avait été dissous par la Cour constitutionnelle ? Qu'à cela ne tienne ! Le Phénix islamiste renaîtrait de ses cendres. En juillet 1983 fut créé le Parti de la prospérité (*Refah partisi*, RP) avec le soutien d'Erbakan, cofondateur du défunt MSP, alors derrière les barreaux. Le *Refah* se rendit immédiatement populaire en appelant de ses vœux l'instauration d'un État respectueux des valeurs islamiques. Cette thématique s'inscrivait dans la synthèse turco-islamique initiée par l'armée turque à l'occasion de son coup d'État de 1980.

Le *Refah* s'opposait à l'intégration de la Turquie à l'Europe et encourageait le resserrement des liens avec les pays musulmans. Il participa pour la première fois aux élections municipales en mars 1984 et obtint 4,8 % des voix. En 1987, à la levée de l'interdiction d'exercer toute activité politique qui le frappait, Erbakan prit officiellement la direction du parti. Cette même année, le *Refah* participa aux élections législatives en emportant 7,2 % des suffrages. Cependant il ne put siéger au Parlement, à cause du seuil de 10 % des votes requis pour cela.

Malgré la synthèse turco-islamique promulguée par l'armée, Erbakan a pris conscience qu'il fallait changer le vocabulaire trop radical du parti sous peine d'une nouvelle dissolution. Il conçut une nouvelle rhétorique que son jeune disciple, Erdogan, utilisera dans sa stratégie de conquête du pouvoir. Exemple : Erbakan contourna l'interdiction légale du mot *Charia* (loi islamique) dans les discours politiques par des euphémismes tels que *« développement moral »* ou *« vertu »*.

L'islamo-libéralisme des années 80

En 1983, les militaires cédèrent le pouvoir aux civils et désignèrent comme Premier ministre celui qui sera le plus éminent promoteur de l'islamo-libéralisme des années quatre-vingt : Turgut Özal. Précédemment, les militaires en avaient fait le vice-Premier ministre chargé des affaires économiques de leur gouvernement. Il avait lancé un important programme de privatisations. En cette même année quatre-vingt, Özal, alors homme-orchestre du monde politique turc, fonda le Parti de la mère patrie (ANAP), qui dirigea la Turquie de 1983 à 1991. Özal fut tour à tour Premier ministre et président de la République. Très lié à la confrérie des Süleymanci, il œuvra efficacement pour le renouveau *« turco-islamique »*. Les temps avaient changé depuis les années soixante : le nationalisme panturquiste et la *« réislamisation »* étaient devenus une composante majeure de la légitimité des gouvernements.

Özal était tout à la fois conservateur et libéral, pro-européen, contrairement à Erbakan (c'est lui qui formula la demande d'adhésion à l'Union européenne en 1987) et démocrate, nostalgique de l'Empire ottoman et adepte de *« l'ordre moral »*. Il fit beaucoup pour la réislamisation de la Turquie au cours des années quatre-vingt. Il recruta des islamistes dans son propre parti, leur confia des postes de responsabilité dans les ministères de l'Éducation et de l'Intérieur. Il haussa le budget du *Diyanet* à un niveau supérieur à celui d'autres ministères. Ses effectifs bondirent, passant de 54000 prédicateurs en 1979 à 84000 en 1989. Le nombre des mosquées aussi, évoluant de 54000 également en 1984 à 63000 en 1989.

Des interdictions furent édictées concernant les publicités pour l'alcool et le tabac, et les publications dites *« nuisibles »* parmi lesquelles les revues pornographiques (loi de 1984). En 1986 fut promulguée une loi punissant de six mois à deux ans de prison *« les insultes à la religion musulmane, Allah et son prophète »*. Kemal Atatürk serait tombé sous le coup de cette loi, lui qui qualifiait l'islam de *« théologie absurde d'un bédouin immoral »*, de *« cadavre putréfié qui empoisonne nos vies»*. Les quotas pour le pèlerinage de La Mecque furent supprimés. Özal lui-même en fit un en 1988, au cours duquel il déclara: *«En Turquie, le régime est laïc, mais pas moi.»*

Les années quatre-vingt furent marquées par l'octroi d'aides publiques aux écoles islamiques. Les *imam-hatip*, les écoles de formation des imams, devenaient le creuset de la formation des nouvelles élites turques, qui seront le vivier des cadres de l'AKP. Le nombre de ces établissements religieux passa de 374 en 1980 à environ 700 dix ans plus tard. Parallèlement, se développait un enseignement privé de bonne qualité, qui dès 1983 dispensait à 200000 élèves des cours particuliers de Coran. La confrérie Suleymanciyya, l'une des plus radicales, assurait la moitié de ces cours. Les années quatre-vingt virent aussi se développer la tolérance du port du voile en dehors des établissements publics.

En 1989, Özal porta un rude coup à la laïcité: ce grand artisan de la réislamisation turque abolit l'article 163 de la constitution. Cet article interdisait les partis islamistes puisqu'il réprimait *«tous ceux qui, en exploitant la religion* [...] *mettent en danger la sécurité de l'État»*.

Essor des banques islamistes dans les années 80

Autre champ d'action d'Özal: les banques. Sitôt Premier ministre, il signa le décret-loi qu'il avait préparé quand il était encore ministre de l'Économie de la junte. Ce document prévoyait la possibilité de créer des *«sociétés spéciales de crédit»*, appellation officielle pour désigner les banques islamiques sans les nommer expressément, eu égard aux interdits sémantiques constitutionnels.

Cette méthode consistant à faire de l'islamisme sous couvert de kémalisme fut regardée avec bienveillance par les militaires. En faisant affluer les pétrodollars saoudiens dans une Turquie souffrant de pénurie de capitaux, ce décret-loi contribua substantiellement aux réussites économiques du gouvernement Özal dans les années quatre-vingt. Et aussi à l'essor de l'islamisme turc. Le décret-loi facilita l'implantation des banques saoudiennes Al-Baraka et Faycal Finans, principaux bailleurs de fonds des fondations islamiques. Le gouvernement Özal exempta d'impôts la Banque islamique de développement (BID) fondée avec des capitaux arabes, et dont Abdullah Gül, le ministre des Affaires étrangères du gouvernement Erdogan, fut un dirigeant. En accordant des bourses d'études islamiques, des subventions de programmes de télévision islamiques et autres prêts sans intérêt à divers projets d'intérêt islamique, ces banques financèrent la réislamisation turque. L'argent du pétrole arabe rejoignait l'islamisme turc, dépassant le différend qui avait opposé les tribus arabes du Golfe persique à l'Empire ottoman déclinant pendant la Première Guerre mondiale, quand elles guerroyaient contre lui pour se libérer de sa tutelle.

Diffusion de traductions de penseurs islamistes étrangers

Dans ces années-là, une champignonnière de petites librairies islamistes se développait. Elles vendaient des traductions de livres de penseurs arabes jusque-là peu connus en Turquie à cause de la barrière des langues. Parmi eux, deux hautes figures de la pensée islamiste. Né en 1906, l'instituteur égyptien Hassan el-Banna, grand-père de Tariq Ramadan, trouva la mort en février 1949 sous les balles des services secrets du roi Farouk. Hassan el-Banna fonda les Frères musulmans en 1928. Il faisait l'apologie du djihad entendu comme une guerre offensive dans la perspective d'une révolution islamique. Il mettait l'accent sur l'accent sur la dimension non seulement religieuse, mais aussi politique de l'*Umma*, la communauté des croyants, qui transcende les frontières nationales. Il appelait de ses vœux la restauration du Califat. Devenu très populaire bien au-delà de l'Égypte, il fonda des entreprises, des écoles, des bibliothèques, des dispensaires, des associations de charité…

Né lui aussi en 1906, un autre penseur frériste, Sayyed Qutb, auteur de « *A l'ombre du Coran* » et « *La justice sociale en Islam* », a exercé une grande influence. C'est en 1953 qu'il rejoignit les Frères musulmans. Comme des milliers de membres de ce mouvement, il fut emprisonné en 1954. Libéré en 1964, il fut pendu deux ans plus tard. Sayyed Qutb théorisa sur le véritable État musulman. C'est celui qui reconnaît l'autorité d'Allah en matière légale. Ce principe condamne le droit positif, qui est mécréant parce qu'il relève des lois humaines. À celles-ci doivent être substituées les lois coraniques. C'est l'axiome de l'unicité du Politique et du Religieux, qui conduisit al-Banna à lutter contre l'État nassérien laïcisant. Il estimait qu'une petite élite devait être le fer de lance de la réislamisation du monde musulman. D'autre part, dans les années 50, il écrivit un ouvrage intitulé « *Notre combat contre les juifs* » dans lequel il affirmait : « *Depuis les premiers jours de l'islam, le monde musulman a toujours dû affronter des problèmes issus de complots juifs.* […] *Leurs intrigues ont continué jusqu'à aujourd'hui et ils continuent à en ourdir de nouvelles.* »

Ces théories exercèrent une grande influence sur la formation intellectuelle de la jeune garde islamiste qui entourait Erbakan. De futurs leaders de premier plan comme Recep Tayyip Erdogan ou Abdullah Gül dévorèrent les textes de ces auteurs.

Municipales de 1994 : raz-de-marée islamiste

L'*« islamo-libéralisme »* mis en œuvre par l'ANAP dans les années quatre-vingt provoqua des scandales financiers qui le discréditèrent dans l'opinion publique. Turgut Özal mourut en 1993. L'islamisme turc, lui, ne s'éclipsa pas : aux élections municipales de mars 1994, le *Refah* prit la relève, apparaissant comme le seul parti non compromis dans le système politique. Le *Refah* fit une percée fulgurante, prenant le contrôle de cinq des villes les plus importantes de Turquie (Istanbul, Ankara, Konya, Kayseri, Erzurum), de 28 provinces et d'environ 400 petites villes et districts.

C'est ainsi qu'Erdogan devint maire d'Istanbul.

Lui et les autres maires islamistes travaillèrent à mettre en œuvre les préceptes de la *Charia*. Ils essayèrent de faire interdire les maisons closes, l'accès aux hôtels pour les couples non mariés, les boissons alcoolisées, le port des minijupes ou la loterie. Erdogan mania habilement le thème du *« droit au turban et au foulard »*, en le reliant non pas aux normes de la *Charia*, mais à celles, occidentales, de *« la liberté individuelle »* et du *« droit à la différence »*. Ainsi il comblait son électorat islamiste tout en séduisant les Européens, qui voyaient dans ces propos la revendication d'une liberté vestimentaire bien conforme à leurs propres lois, sans en mesurer la portée politique. Erdogan multiplia les prises de position symboliques, comme la réorientation vers La Mecque des toilettes de la municipalité d'Istanbul ou bien la mise en scène du port du foulard par son épouse et ses deux filles.

Législatives de décembre 1995 : le Refah *islamiste devenu le plus grand parti turc*

Les législatives du 24 décembre 1995 confirmèrent la tendance haussière du *Refah* : celui-ci y obtint 25 % des voix, loin devant les deux grands partis conservateurs de droite, l'ANAP, dirigé par Mesut Yilmaz (19,67 %) et le Parti de la juste voix (DYP) de Tansu Çiller (19,21 %). Titulaire de 158 sièges sur 550, le *Refah* devint le plus grand parti du pays. Après une tentative infructueuse d'entente entre l'ANAP et le DYP, ce dernier accepta de se tourner vers le *Refah* pour former une coalition gouvernementale (gouvernement *« Refahyol »)*. L'islamiste Necmettin Erbakan devint Premier ministre islamiste de la République laïque turque.

Chapitre III

Rôle central des confréries religieuses dans la réislamisation de la Turquie

Les confréries religieuses ont joué un rôle-clé dans la réislamisation de la Turquie. Interdites sous le régime kémaliste, renaissantes à partir des années 50, elles contrôlent de larges secteurs de l'enseignement et de la presse. Elles ont sécularisé leur doctrine en valorisant le travail et la compétence professionnelle facteurs d'enrichissement personnel pour s'adapter aux temps modernes. Mais, sauf exception, leurs buts sont inchangés : rétablissement du califat, subornation du monde par l'islam.

Les confréries sont liées au soufisme

L'islam turc est principalement une religion populaire véhiculée par les confréries religieuses *(tarikat)*. Les confréries musulmanes sont indissolublement liées au soufisme, qui est un courant mystique de l'islam. C'est à partir de l'Irak au VIIIe et de Bagdad et du Caire au IXe siècle que le soufisme s'étendit dans tout le monde de l'islam, de l'Iran à l'Inde, du Maghreb à l'Anatolie et à l'Andalousie. Parfois appelés « derviches », les disciples, selon les confréries, vivent dans une sorte de couvent autour de leur maître, ou bien mènent une vie errante, ou bien encore ont une vie sociale normale. Chaque confrérie est dotée de règles de vie particulières. La confrérie fait remonter son autorité à Mahomet, par l'intermédiaire d'une « chaîne » à partir de ses compagnons directs. La plupart des confréries portent le nom de leur cheikh. Les confréries soufies sont au moins 200 (la moitié sont actives) à travers tout l'islam et dans tous les milieux.

Le soufisme est quelque peu suspect aux yeux de l'islam : ce dernier lui reproche de prétendre accéder à la *« présence »* et à la connaissance de Dieu directement, et non à travers la seule révélation d'Allah contenue dans le Coran. Le soufisme prône l'ascèse pour atteindre par degrés la *« Vérité spirituelle »* intérieure en passant par la gnose sur les textes sacrés. C'est en suivant la « Voie » (*Tariqah*) d'un maître (cheikh) que l'on peut espérer atteindre l'état mystique ou *« l'extinction de soi en Dieu »*. L'ascèse, destinée à atteindre l'union avec Dieu, distingue le mysticisme soufi de l'orthodoxie musulmane. Pour cette dernière, le croyant est une créature faillible incapable d'établir une union directe avec un Dieu méconnaissable par nature. Le soufisme lui semble donc proche de l'hérésie et du blasphème.

En outre, le soufisme s'insurge contre l'hypocrisie religieuse et l'injustice sociale, ce qui l'a souvent mis en porte à faux avec les *oulémas*. Le chiisme, parce qu'il possède déjà des « intercesseurs » avec Allah en la personne de ses imams, est lui aussi très critique vis-à-vis du soufisme. Mais il a aussi ses confréries soufies. Quoi qu'il en soit, c'est à l'intérieur de l'islam que s'est développé le soufisme. Il place sa foi dans Mahomet. Seul un musulman convaincu peut être soufi.

C'est à partir du Xᵉ siècle que les confréries soufies se sont organisées sous l'autorité de cheikhs. Ceux-ci sont à l'origine d'écoles validées par des chaînes de transmission et constituent en même temps des généalogies spirituelles. Les confréries ont constitué un terreau communautaire (cercles ésotériques, derviches vagabonds, etc.). Les rites se diversifièrent : techniques collectives d'adoration de Dieu, techniques physiques destinées à atteindre l'anéantissement de soi, par exemple la danse des mevlévis d'Anatolie.

Rejet des confréries par Kemal Atatürk

Le rôle spirituel des confréries ne les a jamais empêchées d'agir politiquement. Elles l'ont fait dans l'Empire ottoman, avec parfois un esprit frondeur contre le pouvoir du Sultan. Elles continuèrent sous Kemal Atatürk, qui les rejeta dans la clandestinité par interdiction constitutionnelle en 1924. Elles y survécurent avec le soutien des couches populaires. Depuis les années cinquante, elles sont en pleine renaissance et bénéficient de la levée de la répression jadis exercée à leur encontre par le kémalisme. Leur influence sur la vie politique turque est aujourd'hui prédominante.

Formation des nouvelles élites par les confréries

Le renouveau islamique et anti-kémaliste qui se déploie en Turquie depuis plusieurs décennies est dû principalement à l'action des ordres soufis. Les confréries, très actives dans le domaine socio-éducatif par leurs foyers étudiants, leurs écoles, leurs bourses d'études, leurs cycles de préparation à l'université, ont permis aux milieux populaires et traditionnels, déversés massivement dans les villes par l'exode rural, d'accéder au savoir. Elles ont ainsi fait émerger une nouvelle élite sociale, porteuse de l'idéal confrérique, qui lamine le laïcisme kémaliste défendu par la grande bourgeoisie des villes de l'ouest.

L'empire économique et médiatique des confréries

Il est maintenant bien loin, le temps des catacombes dû à la répression impitoyable de feu Atatürk, qui fit pendre des porteurs de turbans frondeurs aux réverbères. Le monde des confréries turques a retrouvé une puissance phénoménale. Il regroupe plusieurs millions d'adeptes, il brasse énormément d'argent et utilise avec *maestria* les instruments de la modernité. Les responsables des confréries islamistes turques sont de remarquables hommes d'affaires gérant des holdings, par exemple Asya Holding pour les Nürdju, Ihals Holding pour les Isikçlar.

Les confréries contrôlent une presse islamique très prospère : certains quotidiens tirent à 800 000 exemplaires. Les confréries ont également investi l'audiovisuel, contrôlant plusieurs chaînes de télévision. Elles sont très actives dans le monde de l'édition.

Proximité de l'AKP d'Erdogan avec les confréries

Leur poids économique, culturel et spirituel a rendu les confréries incontournables : la plupart des partis politiques turcs entretiennent des relations avec elles, pas seulement ceux à connotation religieuse. Cependant, l'AKP, le parti musulman de Recep Erdogan, s'est distingué dès sa naissance par l'intensité de ses rapports avec le monde confrérique. Il compte dans ses rangs de nombreux Süleymanci. Il était soutenu par les Nurcu (du nom du penseur Saïd Nürci) jusqu'à la rupture avec le mouvement güleniste.

La Naqshbandiyya et la Süleymanciyya sont deux confréries très influentes en Turquie. La Naqshbandiyya, du nom de son fondateur Naqshband, est née en Ouzbékistan à la fin du XIIIe siècle et a très tôt essaimé dans le monde turcophone.

Le djihadisme de la Naqshbandiyya

Les Occidentaux se font des confréries soufies une idée séraphique symbolisée par le derviche tourneur adorant Allah en tournant de plus en plus vite sur lui-même au son des fifres et des tambourins. Il atteint ainsi les sommets de l'extase mystique. Il n'est point de dépliant touristique sur la Turquie qui ne contienne une photo de derviche tourneur avec son habit rituel caractéristique.

Les Occidentaux n'imaginent pas les mystiques soufies adonnés aux passions du *djihad*, la guerre sainte. Ils se trompent pour certaines confréries. La Naqshbandiyya joua un grand rôle dans les soulèvements tchétchènes et caucasiens contre les Russes au XIXe siècle : elle fit le *djihad* contre eux parce qu'ils étaient des « *envahisseurs infidèles* ». Elle appliquait ainsi les préceptes du Coran. Les confréries n'ont pas toutes épousé la cause du réformisme doctrinal. Toujours au XIXe siècle, la Naqshbandiyya combattit avec acharnement les réformes (*Tanzimat*) d'inspiration européenne mises en œuvre dans l'Empire ottoman pour tenter d'enrayer son déclin. Au XXe siècle, cette même Naqshbandiyya se dressa contre la politique laïque de Kemal Atatürk.

Les années 80 sous l'influence du radicalisme naqshbandiste

La Naqshbandiyya, qui continue de prôner un islam ultrafondamentaliste et anti-occidental, influença les principaux acteurs politiques de la réislamisation de la Turquie des années quatre-vingt : les frères Turgut et Yakut Özal, puis Necmettin Erbakan. Le Premier ministre Turgut Özal fit un magnifique cadeau à la Naqshbandiyya : il autorisa les banques islamiques saoudiennes à s'implanter en Turquie, à condition de s'associer, sous forme de sociétés mixtes, avec la mouvance naqshbandiste. Certes, l'islam saoudien est réfractaire aux confréries. Cela n'empêcha pas les banques saoudiennes de traiter avec la Naqshbandiyya, qui empocha ainsi la plus grosse part des montagnes de dollars distribués par Riyad.

Un personnage joua un rôle clé dans ces flux financiers : Korkut Özal, le frère cadet de Turgut Özal, qui fut ministre de l'Intérieur dans les années soixante-dix et devint président du Parti démocrate. Korkut Özal exerça les fonctions de cadre de la Banque islamique du développement (BID). Cela lui permit de devenir un intermédiaire privilégié pour les transferts financiers de Riyad vers la Naqshbandiyya.

La Süleymanciyya, seconde grande confrérie islamiste radicale

L'autre ordre soufi de première importance, la Süleymanciyya, n'a rien à envier à la Naqshbandiyya en matière d'intégrisme islamique. La Süleymanciyya fut fondée dans les années trente par un ancien Naqshbandi, Süleyman Hilmi Tunahan, qui fut partie prenante dans l'alliance entre les nazis et les musulmans des Balkans durant la Seconde Guerre mondiale.

La Süleymanciyya elle aussi s'opposa au kémalisme. Elle vomit Atatürk, présenté comme le *dadjal*, le « *roi des apostats* ». Süleyman n'accepta pas la suppression du califat par Atatürk en 1924. Retour au califat et à la loi islamique : voilà le but poursuivi par la Süleymanciyya. Tout comme leurs cousins Naqshbandi, les Süleymanci sont violemment hostiles à la civilisation occidentale. Ils promeuvent un islamo-nationalisme extrême. Eux aussi sont très actifs dans l'enseignement, où ils disposent d'un réseau impressionnant d'écoles privées islamiques. Et, tout comme les Naqshbandi, ils ont accès à nombre de partis politiques turcs, au premier rang desquels l'AKP.

Autres confréries radicales

Outre la Naqshbandiyya et la Süleymanciyya, d'autres confréries ont concouru à la réislamisation de la Turquie, comme celle des Nurcu (de Fethula Gülen), ou bien la Halvtiyya, la Rüfa'iya, Celvet, Cerrahis, etc. Toutes prônent les valeurs islamo-nationalistes et rejettent celles de l'Occident. Un même prosélytisme religieux planétaire les anime. Certaines souhaitent le rétablissement du califat.

Ascèse de la prière et du travail

Cependant, les confréries ont sécularisé leur discours afin de l'adapter aux nécessités du moment. Tenant compte des mutations sociologiques entraînées par le développement économique, elles ont mis en avant le travail et la compétence professionnelle comme moyens d'accomplissement personnel. Elles présentent l'enrichissement individuel comme une bonne chose, à condition toutefois que les ressources matérielles accumulées servent non seulement au bien-être de leur propriétaire, mais aussi au bien commun, c'est-à-dire à celui de l'*oumma*, la communauté des croyants. La préoccupation spiritualiste n'a pas disparu pour autant : le croyant est invité à distraire une partie de son temps du travail vers la prière.

Cet *aggiornamento* culturel répond bien aux aspirations des nouvelles élites, avides de réussite économique et de promotion sociale. Aussi, les confréries font-elles recette dans toutes les couches de la population, y compris les professions libérales, le petit patronat et les milieux d'affaires. Cette facette moderniste des confréries soulève également l'enthousiasme dans certains milieux occidentaux. Les néoconservateurs américains se plaisent à voir dans cet idéal confrérique du travail un reflet de l'éthique protestante. Ils comparent cette évolution des confréries à ce que fut la Réforme en Europe au XVIe siècle : l'ascèse du travail comme facteur de progrès leur semble le dénominateur commun.

Rétablissement du califat

Si cette analyse recèle une part de vérité, elle méconnaît le problème de fond, celui de la finalité de cette ascèse du travail. Il ne s'agit pas, pour les confréries, de préparer l'avènement d'une démocratie à l'occidentale, mais de rétablir le califat aboli en 1924 par Kemal Atatürk. Les confréries souhaitent l'application de la *charia* dans l'ensemble du monde musulman, et par-delà, la conversion des « *impurs* » et des « *infidèles* ». Elles jouent (plus ou moins) la carte de la participation de la Turquie à l'OTAN ou de son intégration à l'Union européenne parce qu'elles y voient un moyen de servir les intérêts de l'islamo-turquisme. Si la voie du *djihad* venait à leur apparaître comme la plus efficace, elles n'hésiteraient pas à y engager leurs membres.

La grande influence des Frères musulmans sur les confréries

Les confréries sont très influencées par la pensée des Frères musulmans. Une pensée éminemment stratégique, tournée vers le triomphe de l'islam par tous les moyens, depuis le mensonge jusqu'au *djihad* en passant par les concessions vestimentaires. Tout comme les Frères musulmans, elles ont deux visages : celui du pacifisme, et celui du *djihad*. La mise en avant de l'un ou l'autre ne dépend que des circonstances.

Au-delà des différences spirituelles séparant le soufisme de l'orthodoxie sunnite, un même ciment les unit : la conviction que toute l'humanité finira par accepter de se soumettre à la *charia*, et qu'il faut travailler sans relâche à cela. Tous les moyens pour y arriver sont bons. Les moyens s'occidentalisent, les fins se « *réindigénisent* » : le soufisme turc met en avant le travail pour rétablir le califat et faire revivre la splendeur de l'Empire ottoman.

Chapitre IV

L'alévisme bektachi, un ferment d'opposition

À l'opposé du fondamentalisme turc renaissant, un courant religieux tempéré, l'alévisme, compte environ 20 millions d'adeptes. On y trouve des kémalistes, des Kurdes, des libéraux, certains nationalistes... Aux yeux des sunnites, ils ne sont pas musulmans.

L'alévisme : un fort particularisme religieux

Il existe un courant très particulier dans le monde musulman : l'alévisme, né au Xe siècle en Azerbaïdjan et en Iran, qui refuse la lecture littérale du Coran. Il est très représenté en Turquie, où il est la deuxième croyance religieuse après le sunnisme avec 20 à 25 % de la population. Soit 15 à 20 millions d'adeptes, à 70 % d'origine turque et turkmène. L'alévisme bektachi, du nom de son créateur au XIIIe siècle, le grand penseur Hadji Bektas Veli, se rattache au chiisme duodécimain à travers l'un des douze imams. Alevi signifie «*Ali*», lequel fut le gendre et le cousin de Mahomet.

L'appartenance de l'alévisme à l'islam fait débat. Beaucoup de sunnites turcs ne le voient pas comme étant musulman. D'autres étiquettent l'alévismeme comme une branche du chiisme duodécimain. Toujours est-il qu'il est très mal vu des autorités. Le *Diyanet* ne le prend pas en compte : il ne finance pas ses lieux de culte et ne salarie pas ses personnels religieux.

De fait, les préceptes de l'alévisme bektachi diffèrent de ceux de l'islam sunnite majoritaire en Turquie. Pour ce dernier, le Coran est « *incréé* » : il existe sans avoir été créé. Donc son contenu est intouchable et immuable. Au contraire les alévis pensent que le Coran est « *créé* » : il est une mise en forme écrite de la Parole du Prophète. Ce passage par le travail d'écriture a biaisé le message d'Allah. En réalité les transcripteurs du Coran (dont la rédaction a duré longtemps après la mort du Prophète) l'ont créé. Aussi n'est-il pas immuable. Il est interprétable, voire attaquable. La Révélation doit être passée au tamis de la Raison, de la Pensée, de l'Intellect qui permettent à l'homme de comprendre la plus grande création d'Allah, l'univers. Haci Bektachi Veli disait : « *Suivre une voie dépourvue de sciences mène à l'obscurantisme* ». Le « *sens caché* » du Coran est la seule vérité.

L'alévisme bektachi pose un regard critique sur la *Charia* (la loi islamique) et la *Sunna* (les formes de conduite et les règles formelles de l'islam). Il réinterprète les cinq piliers de l'islam : la profession de foi, la prière, le pèlerinage à La Mecque, le jeûne, l'aumône. La règle est la liberté de conscience. Il n'y a pas d'adhésion automatique ni de prosélytisme. La prière est individuelle, personnelle, dépourvue de rite, hors de toute contrainte. Il n'y a aucune obligation de prier cinq fois par jour. Ni de faire le pèlerinage à La Mecque, considéré comme un rite païen antérieur à Mahomet. Haci Bektachi Veli enseignait que « *ce que tu cherches n'est ni à Kabaa, ni à Jérusalem : c'est en toi* ». Il n'y a pas de ramadan et l'alcool est tout à fait licite. Une solidarité permanente tient lieu d'aumône.

La femme alévie est l'égale de l'homme, y compris dans le droit successoral. Il ne lui est pas demandé de couvrir ses cheveux. Non seulement le divorce est autorisé, mais l'homme doit attendre que son ex-épouse ait trouvé un nouveau mari pour se remarier à son tour. La femme est l'égale de l'homme en religion. Les *cem* sont les maisons de prière des alévis, dépourvues de signes distinctifs architecturaux comme les minarets, car ce ne sont pas des mosquées. Hommes et femmes s'y retrouvent afin de prier face à face sans autorité hiérarchique si ce n'est un grand-père bienveillant (*baba*) uniquement garant du respect des règles du lieu. L'une des femmes présentes peut très bien conduire la prière. Le rite comporte un tournoiement sur soi-même (le *semah*) au rythme du *baglama* (un luth sacré) dans le cadre du *cem* (rituel religieux).

Contrairement aux sunnites et aux chiites, les alévis placent sur un même plan que le Coran les trois autres livres saints : la Bible, la Torah, les psaumes de David. Leur tolérance religieuse est grande.

Les alévis sont partisans de la laïcité. Ils sont farouchement opposés à toute intrusion du pouvoir temporel, politique, dans la sphère spirituelle, atemporelle. Cette allergie résulte de leur interprétation de la célèbre bataille de Kerbala qui eut lieu en 680. Les troupes du califat omeyyade y écrasèrent les partisans d'Ali, petit-fils de Mahomet, dans le cadre d'un litige concernant la succession du Prophète. Les alévis estiment que les Omeyyades instrumentalisèrent la religion pour satisfaire leur soif de pouvoir. C'est pourquoi ils détestent que le pouvoir se mêle de religion.

L'alévisme bektachi est pananthéiste. Le philosophe allemand Karl Christian Friedrich Krause forgea en 1828 ce terme dont la signification est « *tout est en Dieu* ». Il est *plus grand* que l'univers et tout est contenu en Lui. Cette nuance différencie le pananthéisme du panthéisme, qui limite Dieu au cosmos.

Sous l'Empire ottoman, le distinguo entre les alévis bektachis et une autre catégorie, les alévis qizilbashs, avait un sens. Ces derniers étaient principalement des paysans et nomades turkmènes et kurdes des campagnes. Lassés d'être persécutés par les Ottomans persanisés et arabisés allergiques aux Turkmènes, ils apportèrent leur soutien au shah de Perse Ismaël 1er fondateur de la dynastie des séfévides au début du XVIe siècle. Ce qui leur valut une épouvantable répression de la part du pouvoir ottoman. Les Bektachis, eux, étaient citadins. C'étaient des sunnites, chrétiens et israélites convertis à l'alévisme. Ils furent influents chez les artisans, mais aussi les janissaires, ces terribles guerriers recrutés parmi les populations chrétiennes. Les sultans utilisaient les Bektachis pour apaiser les tensions avec les alévis et préparer au joug ottoman les populations en voie d'annexion. On leur envoyait des derviches tourneurs dont la mystique bienveillante les incitait à penser que l'islam était une religion tolérante.

En 1517, le Sultan Selim institua le sunnisme religion d'Empire. Les chefs religieux alévis, qui étaient pourtant à l'origine de l'islamisation de l'Anatolie et des Balkans, furent exécutés ou exilés à Malte et dans le Hedjaz. Des dizaines de soulèvements alévis jalonnèrent le XVIe siècle et la première moitié du XVIIe siècle. Un choix leur était proposé : la conversion au sunnisme ou la mort. Les uns se convertirent, les autres se réfugièrent dans les montagnes.

En 1826, Mahmoud II supprima le système des janissaires. L'ordre des Betkachis fut déclaré hors la loi, nombre de ses dignitaires d'Istanbul exécutés, ses *tekke* (couvents de derviches) fermés, détruits ou bien offerts à des confréries sunnites comme l'ordre des Naqshbandiyyas.

La Guerre de libération nationale et les réformes laïques d'Atatürk rencontrèrent l'adhésion de nombreux alévis. Malgré des déceptions, ils furent plutôt satisfaits de la marginalisation des extrémismes religieux par Atatürk et de son obstruction résolue au rétablissement du régime impérial. Malgré cela, les insurgés alévis kurdes « zaza » en 1937-38 furent massacrés (3 000 morts) par l'armée turque à Dersim et Zini Gediji.

Dans la deuxième moitié du XXe siècle, le pouvoir sunnite continua à priver les alévis de reconnaissance officielle. L'exode rural des années 60 les attira dans les grandes villes comme Istanbul, Ankara, Izmir. En 1966, ils fondèrent le Parti de l'unité (*Birlik Partisi*).

Pendant la Guerre froide, une diffraction politique s'installa. Les sunnites religieusement conservateurs adhérèrent massivement aux partis de droite et d'extrême droite. Les alévis préférèrent les partis de gauche et d'extrême gauche.

Au cours des années 70, l'organisation d'extrême droite nationaliste « Les loups gris » exécuta des pogroms sanglants contre les alévis dans le cadre de la répression gouvernementale des manifestations communistes et d'extrême gauche. À Malatya, Kahramanmaras et Corum, des centaines d'alévis périrent. Entre les 19 et 26 septembre 1978, les services secrets turcs organisèrent un massacre d'alévis à Kahramanmaras au moyen des Loups gris. Le but : lutter contre la collusion des mouvements progressistes et révolutionnaires comme le Parti communiste de Turquie et Dev-Yol avec les populations alévies locales, orientées politiquement à gauche. La police laissa faire. Entre 500 à 1 000 personnes furent massacrées dans toute la région avec une extrême cruauté : bébés arrachés au ventre de leur mère, enfants exterminés dans les écoles... L'intervention de l'armée rétablit l'ordre finalement.

Cet événement contribua au déclenchement du coup d'État effectué par les militaires en 1980. Cependant ceux-ci n'éprouvaient pas non plus de sympathie pour les alévis. En mars 1995, des escadrons de la mort liés à la police attaquèrent les quartiers alévis d'Istanbul, faisant 22 morts. Erdogan était alors le maire de la ville. Il n'aime pas leur sensibilité politique libérale qui les oriente vers les franges les plus à gauche du spectre politique turc. Ils sont nombreux au CHP, le parti républicain de la gauche kémaliste qui défend la laïcité, et chez les Kurdes. On les voit aussi dans les mouvements de la gauche libérale et jusque dans les mouvements d'extrême gauche. Tout cela constitue les forces d'opposition à Erdogan.

L'alévisme bektachi est proche du mutazilisme

Par sa modernité, l'alévisme betchaki fait écho à un courant réformiste qui illumina le califat abbasside du IXe siècle, celui de « l'âge d'or du monde musulman », et fut la source d'un dynamisme intellectuel profitable à l'Europe du Moyen Âge et de la Renaissance : le mutazilisme (de la racine arabe signifiant «*prendre ses distances*»). Les théologiens musulmans « mutazilites » superposèrent à leur foi religieuse, donc au Coran, la *falsafa* (philosophie en arabe) recyclant la rationalité grecque et hellénistique. Ils inséraient la religion musulmane dans une vision générale du monde. Cette démarche récusait l'islam des premiers temps qui n'avait pas engendré une véritable science de l'interprétation des textes (herméneutique) pour élucider par l'analyse les voies de Dieu.

Les chrétiens d'Orient avaient ouvert la voie à la *falsafa* en traduisant en syriaque les traités grecs de mathématiques, de médecine, de grammaire… Ils transmirent ainsi la pensée grecque aux Arabes, qui développèrent un mouvement de traductions à l'époque abbasside, dont le centre était la capitale abbasside, Bagdad.

Dans cette ville, et à Cordoue en Espagne musulmane, du VIIIe au Xe siècle, les savants humanistes chrétiens et musulmans y traduisirent en arabe les « *sciences étrangères* », surtout celles provenant du monde hellénistique. Les intellectuels musulmans découvraient la philosophie grecque classique et hellénistique, le néoplatonisme, la gnose, l'hermétisme.

À quoi s'ajouta l'héritage de l'Iran ancien et de l'Inde, transmis par les scientifiques et philosophes chrétiens nestoriens de l'académie de Gondishapour en Perse : c'était un centre de recherche scientifique et médicale majeur du Moyen-Orient fondé par les Sassanides à la fin du IIIe siècle.

Les penseurs de l'islam classique étaient des généralistes absorbés dans la connaissance de l'univers et la célébration de l'unité fondamentale de l'homme, reflet de celle de Dieu. Ils étaient à la fois scientifiques (médecine, astronomie, optique, mathématiques, physique, chimie), philosophes, poètes et musiciens. Le lien entre philosophie et médecine, inhérent à la pensée arabo-musulmane de l'âge d'or, venait de l'antiquité grecque. Et s'incarnait dans l'idéal du *hakim*, un savant à la fois philosophe et médecin.

Les lieux de savoir se multiplièrent à Bagdad et dans tout le monde musulman. Du VIIIe au XVe siècle, de l'Andalousie à l'Inde, de Tombouctou à Samarcande, l'islam connut un prodigieux essor de l'écrit et des arts du livre. Qui s'accompagna d'une constellation de bibliothèques, financées par le mécénat califal, princier ou particulier.

À l'âge d'or intellectuel de l'islam apparurent des institutions centrales dans la transmission de la philosophie gréco-musulmane et l'enseignement des sciences profanes. La « Maison de la sagesse », fondée à Bagdad vers 815 par le calife abbasside El-Mamoun, en fut le prototype. Financé par le Trésor public, ce centre de traduction des manuscrits des « *sciences anciennes* » (philosophie et sciences naturelles) grecs et hellénistiques, mais aussi persans, syriaques et sanskrits, fut doté d'une fabuleuse bibliothèque et d'un observatoire astronomique. Se multiplièrent également les « Maisons de la Science », bibliothèques publiques accueillant des étudiants boursiers.

Toutes ces institutions, véritables paradis du savoir, fleurirent à Bagdad, Mossoul Bassora, Damas, Alep. Et au Caire, au xe siècle : la dynastie (chiite) des Fatimides y fonda l'université El-Azhar, où l'enseignement des humanités et de la musique comptait beaucoup.

Dans la seconde moitié du xe siècle, Cordoue, en Espagne musulmane, s'enorgueillissait de la bibliothèque la plus riche d'Orient et d'Occident. À partir de ce centre de traductions, les grands savoirs de l'antiquité grecque passèrent à l'Europe médiévale.

Les hôpitaux disséminés dans le monde musulman à l'âge d'or furent d'importants lieux d'enseignement. Des équipes de médecins et de chirurgiens leur étaient attachées. Les disciplines médicales y avaient chacune leur département : maladies internes, chirurgie, ophtalmologie, orthopédie… Les étudiants en médecine y recevaient un enseignement théorique et pratique, basé sur l'observation clinique, et sanctionné par une thèse. Une fois diplômés, ils prêtaient le serment d'Hippocrate.

Celui musulman de l'âge d'or se couvrit aussi d'observatoires. L'astronomie était intégrée au cursus normal de la recherche et de l'enseignement dès le VIIIe siècle. L'observatoire de la « Maison de la Sagesse » de Bagdad fut l'un des premiers d'une longue série.

Les mutazilites affirmaient que la destinée ultime de l'être humain relève de son libre arbitre. Le Coran avait été « *crée* » (dans sa version écrite) au lieu d'être « *descendu* » directement d'Allah sur Mahomet selon la terminologie coranique.

Les *oulémas* (docteurs de la foi) condamnèrent d'emblée le rationalisme théologico-philosophique mutazilite qui bafouait leur pensée religieuse totalisante. Mais il s'étendit grâce à la protection califale.

Le philosophe grec Aristote (-384 à -322), précepteur d'Alexandre le Grand, fut une référence majeure du mutazilisme. Selon lui, la connaissance vient d'abord des sens et la raison permet de discerner le vrai. Avec sa théorie du syllogisme et son analyse des différentes parties des formes du discours, Aristote fonda la logique comme discipline formelle, et le rationalisme. Il fournit à l'Occident l'outil intellectuel de la modernité, retransmis à l'Europe du Moyen Âge par l'islam de l'âge classique (et par Byzance). En outre, l'aristotélisme influença le monde musulman dans son effort de rationalisation de la foi.

Autre philosophe grec invoqué par le mutazilisme : Platon (-428-348). Cet élève de Socrate se méfiait, lui, des sens : la représentation est trompeuse, le monde sensible étant une dégradation du monde intelligible. Raisonnant en termes dialectiques, Platon considérait les Idées comme des modèles immuables, dont le monde sensible n'est que l'image. Il opposait le sensible et l'intelligible, le devenir à l'Être, l'opinion à la Science. La forme supérieure du savoir est une intuition intellectuelle des Essences qui recèlent l'idée du Bien : Dieu.

Le primat de l'idée sur le monde perçu, le caractère inné du savoir vrai, tels que les concevait Platon, basèrent des disciplines modernes comme les sciences cognitives.

Au IXe siècle, les mutazilites transmirent au monde musulman une bonne part du « miracle grec » du *logos* (le discours raisonné), de la clarté d'esprit, de l'observation scientifique.

Le premier philosophe arabe du courant mutazilite fut El-Kindi (mort en 873).

Un autre penseur éminent, le médecin El-Razi (mort en 932), illustra la *falsafa*. Celui-ci osa prétendre que l'exercice de la raison, et pas seulement l'intervention d'Allah, est capable d'améliorer la vie humaine au point que la philosophie pourrait remplacer la religion !

El-Farabi (mort en 950) fut surnommé « *le Second Maître* » (après Aristote). C'était l'un de ces Perses (Iraniens) venus nombreux à Bagdad qui développèrent la *falsafa* et l'administration abbasside. El-Farabi écrivit « *La cité vertueuse* », adaptation musulmane de « *La République* » de Platon.

Un autre iranien, d'Asie centrale, Avicenne (mort en 1037) fut un éminent penseur de *falsafa*. Installé à Cordoue, dans l'Andalousie des « *trois cultures* », musulmane, juive et chrétienne, fervent lecteur de « *la Métaphysique* » d'Aristote, il essaya de concilier le dogme coranique avec le rationalisme aristotélicien.

Au XIIIe siècle, le plus grand penseur de l'Espagne musulmane, le deuxième géant de la *falsafa*, prit le relais dans cette quête de rationalisme : Averroès, philosophe, médecin et juge (*qadi*) de Cordoue. Lui aussi voulut définir les rapports entre philosophie et révélation coranique, à partir de ses commentaires (célèbres) d'Aristote. Il en développa les aspects matérialistes et rationalistes, allant jusqu'à opposer vérités rationnelles et révélées. Il prôna l'interprétation entre la philosophie, donc la raison, et la révélation : les deux démarches lui semblaient inaltérables et porteuses de vérité. Il plaçait l'intellect au centre de l'homme. La pensée d'Averroès poussait à son terme la logique réformiste de l'islam préconisée par Avicenne.

Les oulémas mirent fin à la falsafa

La majorité des théologiens de l'islam étaient allergiques à la *falsafa*, qu'ils taxaient d'« *hellénistique* » et d'« *étrangère* ». Averroès leur était insupportable. Celui-ci le leur rendait bien : très mêlé aux activités de la cité par ses fonctions de médecin et de juge, il s'impatientait de l'obscurantisme des oulémas, qu'il imputait à leur vie retranchée du monde.

Les religieux eurent leur revanche : ils firent brûler les ouvrages d'Averroès, qui fut obligé de fuir l'Espagne almohade en passant au Maroc où il mourut trois ans plus tard. Non sans avoir contre-attaqué les positions antiphilosophiques du grand théologien El-Ghazali, auteur d'un ouvrage célèbre, l'*Incohérence des philosophes,* qui s'en était pris aussi à la pensée d'Avicenne. El-Ghazali estimait que, un croyant assuré de sa foi n'avait pas à faire de la théologie un objet d'étude. Il instruisait le procès des philosophes, qui « *doutent* » et qui « *nient* », minant la foi du croyant sincère. Il visait particulièrement Avicenne et El-Farabi.

À cette époque-là, la nuit de l'obscurantisme religieux tombait sur le monde musulman. La philosophie au sens propre du terme, la réflexion philosophique spéculative, était en déclin après les attaques des théologiens. Aux XI-XIIe siècles, fut déclaré officiellement « *clos* » « *l'idjtihad* » *(« effort d'interprétation personnel »)*, qui admettait les divergences d'opinions entre les écoles juridiques sunnites concernant l'interprétation du Coran et des *Hadiths*. La rationalité de plus en plus «*profane*» de *l'idjtihad* mettait mal à l'aise les docteurs de la loi. En instituant «*la fermeture de l'interprétation personnelle*», les oulémas interdisaient désormais toute prise de décision canonique. Ils protégeaient l'orthodoxie religieuse contre les doctrines divergentes. Et la figeaient pour les siècles à venir dans un immobilisme stérilisant dont elle n'est toujours pas sortie.

Les tenants d'un islam dogmatique triomphaient. Désormais, la théologie allait tenir lieu de philosophie dans le monde sunnite. La pensée chiite, elle, continua à se développer quelque peu jusqu'au XVIe siècle, grâce au statut des ayatollahs *(«signe de Dieu»)* iraniens: considérés de leur vivant comme «sources d'inspiration» spirituelle, les ayatollahs, qui sont les dignitaires les plus élevés dans la hiérarchie religieuse chiite duodécimaire, peuvent émettre des points de vue théologiques. Mais dans le monde chiite iranien, il y eut aussi extinction des feux.

Dans le triomphe du dogmatisme religieux sunnite, décisive fut, à partir du XIe siècle, la captation du pouvoir à Bagdad par les Seljoukides turcs qui se proclamèrent sultans. Et érigèrent l'orthodoxie sunnite au rang d'institution d'État. Ils firent des madrasas (lieux d'étude), souvent adossées aux mosquées, le fer de lance de ce combat intellectuel et religieux. Excluant de plus en plus de leur enseignement les sciences et la philosophie sous leur forme spéculative, les madrasas privilégièrent les commentaires et la psalmodie du Coran. Elles fourvoyèrent ainsi l'énergie cérébrale de leurs élèves dans une ratiocination religieuse obsessionnelle. Les madrasas n'eurent plus grand-chose à voir avec ce qu'avaient été les institutions universitaires précédentes, beaucoup plus ouvertes, telles que les «Maisons de la sagesse» de la merveilleuse période abbasside.

Un dense réseau de madrasas dues au mécénat des marchands, des confréries religieuses, des sultans ou des vizirs, s'étendit rapidement sur tout l'Empire seljoukide, puis le reste du monde musulman. Dont elles unifièrent les composantes juridiques, mystiques et intellectuelles dans le moule du sunnisme orthodoxe. Moyen extrêmement efficace de contrôle religieux et politique entre les mains des classes dirigeantes, les madrasas livrèrent pieds et poings liés le monde musulman à l'obscurantisme religieux.

L'alévisme comme piste de réforme de l'islam

Les préceptes de l'alévisme pourraient indiquer la voie à suivre pour une réforme doctrinale de l'islam. Le culte alévi bektachi a pu être comparé, huit siècles après sa fondation, avec la Déclaration universelle des droits de l'homme de 1948. C'est dire la modernité de ses préceptes. Certains objecteront que l'alévisme bektachi n'est pas un culte musulman. On peut tout de même affirmer qu'il l'est parce qu'il se réclame du Prophète Mahomet et du Coran.

Mais la réislamisation du monde musulman en général, et de la Turquie en particulier, s'opère sur un mode fondamentaliste dominant. Les personnalités qui prônent un réformisme du corpus théologique de l'islam dans un sens convenant très bien à l'esprit de l'alévisme bektachi y sont de plus en plus menacées physiquement, au point que la plupart d'entre elles se réfugient en Occident pour continuer à produire une parole publique.

En Turquie, les alévis sont confrontés à l'hostilité des sunnites fondamentalistes. Le Frère musulman Erdogan les voit comme des hérétiques qu'il convient de réduire au silence, d'autant qu'ils sont généralement en collusion avec les forces politiques qui s'opposent à lui.

Le renouveau du fondamentalisme sunnite en Turquie et son expression politique par le truchement de l'AKP obstruent plus que jamais l'horizon des alevis bektachis.

DEUXIÈME PARTIE

L'IRRÉSISTIBLE ASCENSION D'ERDOGAN

Chapitre I

Un fils du peuple

Erdogan est le rejeton d'une famille nombreuse et pauvre. Élevé à la dure, il grandit dans la passion du foot, de la patrie et de l'islam. Son père ayant contrarié sa vocation sportive, il se lança dans la politique.

Un champion de foot en herbe

Fin des années soixante, quartier populaire de Kasimpasa à Istanbul. Un adolescent dégingandé dominait les matchs de foot âprement disputés par les jeunes du coin. Vif et souple comme un tigre, il n'avait pas son pareil pour feinter ses adversaires. C'était un as du drible. Son rêve : devenir un champion renommé de foot.

L'adolescent s'appelait Recep Tayyip Erdogan. Son nom de famille veut dire « *celui qui naît brave* ».

Né en 1954 dans un milieu modeste, il est le premier enfant du second mariage de son père, qui en a engendré quatre. Son père, Ahmed Erdogan, pieux et sévère, avait été garde-côtes à Rize, au bord de la Mer noire, non loin de la frontière géorgienne, sur les contreforts du Caucase. Dans cette famille de « *Turcs noirs* », on n'élevait pas les enfants à la façon bobo. Une anecdote racontée par Erdogan en témoigne. Un jour, une dame du voisinage informa son père que le petit Recep Tayyip l'avait insultée. Le père saisit l'enfant et le suspendit au plafond par les pieds et s'en alla en le laissant dans cette inconfortable posture. Heureusement, au bout d'un quart d'heure, un oncle qui passait par là l'en délivra. Erdogan dit que la leçon lui fut salutaire : elle lui ôta l'envie de refaire des bêtises.

Il confia lors d'une interview dans un documentaire de 2013 : « *Mon père était autoritaire* [...] *Si vous êtes insultant, vous le paierez très cher. Par conséquent, de temps en temps, notre père nous réglait notre compte.* »

Parfois la violence du père se déchaînait au point que l'enfant lui baisait les pieds pour implorer sa clémence. D'aucuns seront tentés d'établir un parallèle avec Adolphe Hitler. Son père le battait lorsqu'il était enfant. Les professionnels de la psychologie scrutant la vie des dictateurs établissent volontiers une relation de cause à effet entre la destinée politique de certains d'entre eux et une enfance malheureuse vécue sous les coups paternels. Adultes, ils appliqueraient à autrui les sévices endurés en bas âge. Ce raisonnement s'applique aux criminels.

Alchimie des grandes destinées historiques

Si l'on considère la question des « *grands hommes* » au sens de personnalités ayant joué un rôle de premier plan dans l'Histoire, en bien ou en mal, le parallèle avec Winston Churchill est intéressant également. Churchill détermina le cours de la Seconde Guerre mondiale en maintenant le Royaume-Uni debout dans une solitude héroïque, face à une Allemagne nazie triomphante, de juin 1940 jusqu'à la rupture du pacte Ribbentrop-Molotov et l'attaque allemande contre la Russie en juin 1941. Churchill devint ainsi un géant de l'Histoire en tant que sauveur de la démocratie en Europe.

Lui ne fut pas un enfant battu. Mais très malheureux, oui, certainement. Il souffrit tragiquement de l'indifférence de ses parents qui l'avaient mis en pension très jeune et ne venaient presque jamais le voir, malgré les lettres suppliantes qu'il leur adressait. Adulte, Churchill fut un grand alcoolique qui se servait du «*pétrole*» (whisky et cognac) pour combattre ses «*chiens noirs*» : c'est ainsi qu'il nommait les accès dépressifs intenses et fréquents qui l'affectèrent jusqu'à sa mort. Cet alcoolisme invétéré, antidote à la dépression affecta un autre grand homme: Kemal Atatürk, qui mourut d'une cirrhose du foie à 57 ans. Cela ne saurait être le cas d'Erdogan, qui ne boit pas d'alcool, dans la stricte observance des préceptes de l'islam. Sa drogue, ce fut le sport de haut niveau quand il était jeune, et c'est le pouvoir aujourd'hui. Il en a une soif inextinguible.

Une enfance malheureuse serait-elle de nature à engendrer une ambition hors du commun, voire la boulimie de pouvoir, fût-ce dans un cadre démocratique et pour «*le camp du Bien*»? Sans établir de lien d'automaticité entre ces éléments, il est néanmoins permis de s'interroger sur leur rôle dans l'alchimie des grands destins historiques. Toujours est-il qu'Erdogan relève de cette catégorie des grands destins historiques. En bien ou en mal, selon le point de vue de chacun.

Adolescence dans un quartier historique d'Istanbul

Quittant Rize sur la Mer noire, les parents d'Erdogan élirent domicile à Istanbul, dans le quartier pauvre de Kasimpasa, district de Beyoglu, du côté européen de la ville. C'est là que Recep Tayyip est né. Il grandit dans les ruelles escarpées de ce quartier qui le marquera à vie. Il était peuplé de sunnites pauvres issus de lointaines campagnes anatoliennes. Erdogan vécut son adolescence au milieu du peuple dont il est lui-même issu. Mais dans l'imaginaire turc, être un *Kasimpasah* (habitant de Kasimpasa), c'est être un macho grossier, une brute impulsive, un rustre agressif. Kasimpasa avait la réputation d'être le royaume des caïds, des vrais durs. Il est certain que dans les années 50 et 60, Kasimpasa était un quartier de marins et d'ouvriers du port avec ses mauvais garçons et ses prostituées. L'ambiance y était rude. À cette époque Istanbul ne comptait qu'un peu plus d'un million d'habitants au lieu de 15 aujourd'hui. Le jeune Erdogan faisait volontiers le coup de poing dans les rues de Kasimpasa. Il s'y trempait le caractère. Il confiera en 2000 : « *Kasimpasa, c'est une histoire, être de Kasimpasa, ça vous confère une culture singulière, car c'est un territoire où l'être franc et brave s'ancre dans une longue histoire* ».

Cette longue histoire est celle de l'Empire ottoman. Le nom du quartier est lui-même un rappel historique. Kasimpasa, c'était le nom d'un *pacha* ayant vécu sous le règne de Soliman le Magnifique. Le jeune Erdogan grandit entouré de réminiscences ottomanes. Dès le XVe siècle furent installés à Kasimpasa des casernes et des arsenaux militaires. C'est à partir de sa jetée que les navires du sultan Mehmet II gagnaient la haute mer. Au XVIe siècle la ville abritait l'arsenal impérial et 120 navires de la flotte ottomane. En 1773, fut créé à bord d'un galion amarré à quai le lycée naval turc. Les officiers de marine y apprenaient la navigation et la géométrie. De 1838 à 1850, Kasimpasa abrita l'Académie navale turque.

Le domicile familial des Erdogan était à deux pas d'antiques vestiges : le bâtiment de l'Académie militaire, l'entrepôt de poudre à canon, la place où les archers ottomans combattirent lors du siège de Constantinople en 1453. Une école primaire voisine portait le nom de l'amiral ottoman Piyale *Pacha*, qui commanda la flotte ottomane de 1553 à 1567. Il se couvrit de gloire à la bataille de Djerba, au Grand Siège de Malte en 1535 et à la conquête de Chypre en 1570.

Kasimpasa est un concentré des gloires ottomanes. L'adolescence d'Erdogan échappa à la monotonie de banlieues sans repères, sans mémoire, faites de cubes de béton impersonnels. Son esprit se nourrit du pittoresque de Kasimpasa où les bâtiments historiques, dans ces années-là, étaient encore sertis de nombreuses maisons de bois. L'adolescent s'y imbibait d'un passé ottoman qui ne quitterait jamais son esprit. Pour le jeune Recep Tayyip Erdogan, chaque pas dans les rues de ce quartier était une leçon d'histoire. Il ne grandit pas en « citoyen du monde », mais en patriote turc et en héritier spirituel de l'Empire ottoman. Cela contribuerait à en faire un dirigeant politique aux antipodes des chefs comptables saint-simoniens et comtistes à la psychologie de dames patronnesses qui dirigent l'Europe. Face à lui, ils seraient désarmés.

Bagarreur et pieux

Erdogan intégra l'*imam-hatip* de Fatih, un des 39 districts d'Istanbul. C'est l'un de ces lycées religieux formant les imams et les prédicateurs, mais aussi les enfants des familles musulmanes traditionalistes. L'étude de la théologie de l'islam y tient une grande place à côté des disciplines profanes (maths, sciences, etc.).

Erdogan eut beau être amateur de bagarres de rue, ça ne l'empêcha pas de combler ses professeurs du *imam-hatip* :

il avait de bonnes notes et il brûlait aussi d'une ardente foi religieuse. Passionné de poésie, il récitait devant ses condisciples les vers des maîtres de l'islamisme turc glorifiant l'épopée ottomane sous la bannière d'Allah. Les poèmes d'amour ne l'intéressaient pas. Ce qui le bouleversait, c'était l'aventure épique, l'héroïsme, le mépris de la mort, la mystique turco-ottomane et la fidélité à l'islam. Il n'avait pas son pareil pour déclamer les œuvres exprimant ces valeurs auprès de qui voulait l'entendre. Il y mettait une passion digne des grands acteurs de tragédie qui fascinait ses auditoires. Ce qui faisait la force de son jeu, c'est qu'il ne devait rien à l'artifice et tout à la sincérité.

Il aimait également se jucher sur un promontoire et haranguer un public imaginaire sur des thèmes patriotiques et religieux. L'orateur né se révélait déjà. Il exerçait sur ses camarades un ascendant naturel. Il se faisait aimer, respecter et obéir par sa générosité, son authenticité et son idéalisme. Un de ses plus vieux compagnons de route dit de lui qu'« *il a la langue proche du cœur* ». Il suscitait respect et sympathie. Au milieu de ses copains, le chef, le « *reis* », c'était toujours lui.

Une personnalité hors du commun, à l'évidence.

Pensionnaire au *imam-hatip* durant la semaine, Erdogan faisait des petits boulots le week-end. Comme vendre à la sauvette des *simit*, ces petits anneaux de sésame dont se régalent volontiers les Turcs entre les repas.

Il fréquentait assidûment la mosquée. Et, dès l'âge de 16 ans, y jouait en rôle actif en remplaçant de temps en temps l'imam pour la récitation des prières et les rituels liés aux naissances et aux décès.

Le renoncement au foot

À la passion religieuse, Erdogan ajoutait celle du foot. Son mètre quatre-vingt-trois (il dépassait d'une tête tous ses coéquipiers) et sa constitution athlétique l'y avantageaient. Mais il n'y avait pas que cela. Il avait aussi un sang-froid à toute épreuve. Et un coup d'œil phénoménal : posté en défenseur central, le gaillard anticipait de loin les attaques de l'adversaire et les bloquait. Saluant à la fois sa piété et sa virtuosité au foot, ses camarades le surnommaient « *l'imam Beckenbauer* », en référence au légendaire capitaine de l'équipe d'Allemagne de l'Ouest, Franz Beckenbauer. Ses terrains d'entraînement furent la rue dans un premier temps puis les petits clubs de foot stambouliotes dans lesquels il devint rapidement joueur semi-professionnel. Avec une idée en tête : devenir professionnel à part entière. Le prestigieux club de Fenerbahçe lui fit une proposition dans ce sens.

Mais voilà, son père s'y opposa catégoriquement. Il l'obligea à renoncer au foot. Sur le moment, le coup fut très dur pour le jeune homme. Il avait toutes les qualités pour réussir une prestigieuse carrière dans le foot de haut niveau. On reste songeur devant cet événement. En effet l'accomplissement de cette vocation sportive l'aurait entièrement accaparé. Il serait très certainement devenu un champion de foot. Peut-être même le Beckenbauer turc. Mais une carrière sportive aussi prenante ne lui aurait pas laissé le temps de faire de la politique et encore moins de devenir le maître de la Turquie. Le hasard fabrique les aiguillages menant aux grands destins.

Le hasard, non, dirait-il, la volonté d'Allah, oui. On pense à un autre destin dérouté par le hasard : celui d'Adolphe Hitler. En 1907, puis une seconde fois en 1908, il échoua à l'examen d'entrée à l'Académie des beaux-arts de Vienne. S'il avait réussi, il aurait réalisé son rêve de faire une carrière d'artiste-peintre, qui n'aurait peut-être pas été grandiose, mais néanmoins honorable : sa production artistique de l'époque montre qu'il avait le talent pour cela. Le cours de l'Histoire n'aurait pas été le même…

Chapitre II

La montée vers le pouvoir

D'emblée, Erdogan milita activement dans la mouvance islamiste turque. Il gravit les échelons jusqu'à devenir Premier ministre. Il parvint à ce poste en révolutionnant la stratégie de conquête du pouvoir par les islamistes, ce qui lui permit de contourner l'obstacle représenté par l'armée défenseuse de la laïcité kémaliste.

Entrée en politique dans la mouvance islamiste

Donc, plus question de foot. Après le *imam-hatip*, Erdogan s'en alla suivre des études supérieures économiques et administratives à l'université de Marmara. Il y aurait décroché un diplôme d'études supérieures couronnant un cycle universitaire de quatre ans. Il se trouve que ce niveau de diplôme est requis pour candidater à l'élection présidentielle. La biographie officielle du candidat Erdogan à cette élection en 2018 mentionnera qu'il en est titulaire. Mais ses détracteurs contesteront cette assertion.

S'il renonça à la passion du foot, le jeune Erdogan ne renonça pas à celle de la religion. À quoi s'ajoutait une troisième passion, qui forgera sa destinée : la politique. Il s'y lança à fond. Elle le hissera au sommet…

Pour ses débuts en politique, il se choisit un environnement conforme à sa foi musulmane : tout en travaillant comme employé de l'entreprise de transport de la municipalité d'Istanbul, il adhéra dès le milieu des années 70 à la section stambouliote de l'organisation de jeunesse du Parti du salut national (*Mîlli Selamet Partisi*, MSP). Le chef de cette formation politique était le célèbre Necmettin Erbakan. Né en 1926, ce vétéran de l'anti-kémalisme était l'idole des catégories socioprofessionnelles (CSP) modestes et pieuses.

Le grand chef Erbakan remarque vite l'éloquence et le charisme du jeune Erdogan, dont il se fit le mentor. D'où son ascension fulgurante : il obtient la direction de la section de la jeunesse du MSP d'Istanbul. Puis, à 31 ans, celle de l'ensemble de l'organisation du parti dans cette ville, la plus grande de Turquie.

Au poste de directeur du MSP d'Istanbul, devenu après dissolution le *Refa Partisi* (RF), Erdogan prouva son exceptionnel talent politique. Imposant une discipline de fer et bousculant les routines, il exigea des enquêtes de terrain et la pratique intensive du porte-à-porte. Il envoya les militants répandre la bonne parole dans des endroits que fuient les musulmans dévots, comme les tripots où l'alcoolisme le dispute au tabagisme. Mais ces islamistes en mission y rencontrèrent souvent une écoute attentive, ce qui les surprit beaucoup. Une fois de plus, le jeune chef avait vu juste.

Erdogan brisa un autre tabou : il associa largement les femmes aux actions électorales du parti, scandalisant les militants islamistes chevronnés pour qui leur place était uniquement à la maison.

Ces méthodes payèrent. Elles reflétaient un trait de comportement qui accompagnerait toute la carrière politique d'Erdogan : combiner des convictions islamistes et patriotiques indéracinables avec un pragmatisme indéfectible. L'idéologie est primordiale, mais les faits commandent l'action. Il faut être ferme sur les principes, mais souple dans leur application… C'est la marque des grands fauves politiques.

Plus tard, le pragmatisme d'Erdogan le mettra en porte-à-faux avec le vieil Erbakan. Cela provoquera une rupture définitive entre le maître vénéré et son disciple bouillonnant. Celui-ci éclipsera celui-là sur la scène politique turque. Ce dilemme stratégique se retrouve sous tous les cieux et à toutes les époques : dogmatisme versus pragmatisme ; chêne versus roseau.

Erdogan le tombeur d'Istanbul

1994 : Erdogan avait maintenant 40 ans. Il était marié depuis 1978 avec une musulmane pieuse, Emine Gülbaran. Le couple avait quatre enfants, deux garçons et deux filles. Erdogan était devenu un professionnel de la politique. Il s'était aguerri dans la mouvance islamiste, d'abord au sein du Parti du salut national (*Millî Selamet Partisi*, MSP) puis du Parti du bien-être (*Refah Partisi*, RP) fondé en 1983. La prochaine étape de l'ascension d'Erdogan serait constituée par les élections municipales du 27 mars 1994. En pleine possession de ses moyens physiques et intellectuels, Erdogan fit campagne pour décrocher la mairie d'Istanbul.

Ces élections municipales furent un éclatant succès pour le *Refah*. Avec 19,01 % des suffrages, il confirma la progression réalisée aux élections générales d'octobre 1991. Les municipales de 1994 firent tomber dans l'escarcelle de ce parti islamiste un tiers des chefs-lieux de province, principalement dans les régions rurales de l'Est et du Sud-Est anatolien. Il profita de l'effet de ciseaux dû à la ferveur religieuse des masses paysannes et au boycottage du scrutin par le Parti de la démocratie pro-kurde. Mais le plus grand coup d'éclat de ces élections fut la conquête des mairies d'Ankara, la capitale politique et administrative, et d'Istanbul, la plus grande ville de Turquie et sa capitale économique, par le *Refah*. Celui-ci moissonnait l'évolution sociologique de ces mégapoles grossies par l'exode rural lié au développement économique des dernières décennies. Les « *Turcs noirs* » y surplombaient par le nombre les « *Turcs blancs* ».

Voici le jeune Erdogan à la tête de la prestigieuse mairie d'Istanbul. Il y est arrivé en surfant sur la vague ascendante du *Refah*. Mais aussi grâce au formidable dynamisme de sa campagne électorale. Il avait appliqué les méthodes rodées au cours de ses années militantes : porte-à-porte acharné de lui-même et de ses équipes, prospection des moindres recoins de l'agglomération, visites aux moindres PME, restaurants, estaminets... Il avait déployé un thème de campagne très efficace : la lutte anticorruption. Il se présentait comme le candidat de la *vertu* pourfendant une ploutocratie qui détournait à son profit l'argent des contribuables au lieu d'assurer une bonne gestion de la ville.

Erdogan bon gestionnaire d'Istanbul

Il est vrai que les Stambouliotes (12 millions à l'époque) enduraient de fréquentes coupures d'eau et d'électricité. Le métro accusait des pannes récurrentes et son réseau était incomplet. La plupart des services municipaux étaient défaillants. Une fois installé à la mairie, Erdogan sut mettre fin à ce chaos. Il raréfia les coupures d'eau et d'électricité. Étendit le réseau du métro. Lança de grands travaux d'infrastructure. Il fit entrer Istanbul dans une ère nouvelle.

Parallèlement à ces travaux de remise en état et de modernisation, Erdogan combattit la corruption comme promis. Il utilisa habilement les médias à cet effet, organisant des « *reality shows* » devant les caméras pour démasquer les corrompus. Une sorte de tribunal du Peuple. C'était un remarquable communicant.

Un maire ouvertement islamiste

Durant son mandat de maire d'Istanbul, Erdogan se construisit une réputation d'intégrité et d'efficacité. Il était devenu aux yeux des couches populaires Erdogan l'incorruptible. Et il n'avait pas son pareil pour aller prendre le thé chez les petites gens des quartiers pauvres. Il y était parfaitement à l'aise et les reportages télévisés rendaient compte de cela. En outre, sa piété et celle de son épouse voilée étaient du meilleur effet auprès des Stambouliotes pauvres et religieux qui ne voyaient dans leur dévotion aucune afféterie à visée politique.

D'ailleurs ne prenait-il pas des mesures conformes aux prescriptions de l'islam ? Ainsi, à partir de 1996, il interdit à quelques restaurants et bars dépendants de la municipalité de servir de l'alcool à leur clientèle. Une journaliste lui fit part de son étonnement. « *Je suis l'imam d'Istanbul* », lui répondit-il.

Erdogan fit une grande place à la religion dans l'exercice de son mandat municipal. Avec des péripéties parfois inquiétantes comme celles de mars 1995. Un escadron de la mort lié à la police attaqua les quartiers alévis d'Istanbul. Leurs habitants manifestèrent en signe de protestation. La police tira : 22 morts. On a vu plus haut l'aversion religieuse et politique d'Erdogan pour les alévis. Les kémalistes et l'armée le soupçonnèrent d'avoir encouragé ces violences. Ils les virent comme un symptôme particulièrement grave de l'immixtion du fanatisme religieux dans la gestion municipale d'Istanbul.

Erdogan, le nouvel homme providentiel de l'islamisme turc

Il est vrai que le bouillant maire d'Istanbul exprimait avec délectation sa sensibilité islamiste en certaines circonstances. Lors de ses tournées, il aimait déclamer des poèmes comme il le faisait si bien dans sa jeunesse. En 1997, lors d'un meeting à Siirt, ville abritant de fortes communautés kurdes et arabes, située dans le sud-est du pays, il récita ces vers du célèbre poète nationaliste turc Zia Gökalp, l'un des pères du nationalisme islamique turc au début du siècle dernier, enseignés dans les écoles avant l'avènement du kémalisme : « *Nos minarets seront nos baïonnettes, les coupoles nos casques, les mosquées seront nos casernes et les croyants nos soldats* ». S'inspirant du Coran, Erdogan poursuivit sur sa lancée : « *Personne ne pourra faire taire la prière du muezzin, même si le déluge nous tombe sur la tête et les volcans déversent leur lave sur notre chemin, jamais nous ne ferons marche arrière.* » Il s'écria : « *La liberté de conscience et celle de porter le foulard sont respectées en Europe, elles sont bafouées en Turquie* ». Voilà qui sonnait bien aux oreilles d'une foule en liesse. Les applaudissements crépitaient. Il régnait la ferveur de ces meetings populaires dans lesquels Erdogan est tellement à l'aise. Il y communiait avec le peuple dans un élan patriotique et religieux, lui, l'ancien auxiliaire de l'imam de Kimpasa. Son passé de footballeur semi-professionnel nourrissait également sa popularité. En Turquie, le ballon rond est une passion nationale.

« *L'imam Beckenbauer* » concentrait sur sa personne les sympathies d'un peuple dont il est issu. La rencontre d'un chef charismatique et de son peuple : Erdogan vécut cela lors de son passage à la mairie d'Istanbul, qui le fit connaître dans tout le pays. Ce poste très en vue avait catapulté sa notoriété. Cet homme de haute taille, de belle prestance, dans la force de l'âge, excellent orateur, était devenu une vedette politique nationale. Il était le nouvel Erbakan, en plus jeune, plus séduisant, plus talentueux, plus charismatique. Les couches populaires avaient trouvé leur homme providentiel. Celui-ci, contrairement à son lointain prédécesseur Kemal Atatürk, était un fervent croyant, en symbiose avec la religiosité populaire turque. Le laïc Atatürk s'était imposé durablement au peuple grâce à une main de fer et à son parti unique, le CHP. À l'inverse, Erdogan a jailli du tréfonds spirituel de la Turquie dans un contexte de multipartisme.

1997 : Putsch anti-islamiste de 1997

Juin 1997 : le Conseil national de sécurité de l'État (*Milli Güvenlik Konseyl*, MGK), gouvernement parallèle, non élu, alors entièrement contrôlé par les militaires, destitua le Premier ministre Necmettin Erbakan. Il mettait fin à une coalition gouvernementale formée l'année précédente par cette figure emblématique de la mouvance islamique turque.

Soutenue par les forces politiques laïques, l'armée interrompait la saga islamiste du *Refah*. Elle avait à son actif deux coups d'État. L'un en 1960 – ayant conduit à la pendaison du Premier ministre Adnan Menderes, le premier dirigeant démocratiquement élu de l'histoire turque. L'autre en 1980, ayant contraint l'ensemble des responsables gouvernementaux à démissionner. En outre, l'armée avait forcé en 1971

Süleyman Demirel, Premier ministre démocratiquement élu, à quitter ses fonctions. Et voilà qu'en cette année 1997, elle appliquait le même traitement au Premier ministre Necmettin Erbakan, mettant fin à son gouvernement de coalition.

Une pluie de condamnations frappa les élus du *Refah*. Parmi lesquels Erdogan, privé de son mandat de maire d'Istanbul et condamné à 10 mois de prison en 1998 ainsi qu'à cinq ans d'inéligibilité.

Les militaires édictèrent 18 mesures radicales visant à rétablir la laïcité kémaliste. Et ils imposèrent la prolongation de la scolarité obligatoire de cinq à huit années à partir de la rentrée 1997. Ils voulaient ainsi handicaper les *imam-hatip*, ces écoles religieuses de plus en plus appréciées par les familles pieuses qui leur confiaient la formation de leurs enfants. Les militaires avaient pris conscience du rôle capital de ces établissements scolaires dans la réislamisation galopante de la Turquie. De là étaient sorties, au fil des décennies, de nouvelles élites pétries d'enseignement coranique, issues des couches populaires. Erdogan en était un représentant typique, lui qui avait été formé dans une *imam-hatip*. Elles avaient subrepticement érodé l'influence de la classe dirigeante kémaliste issue de la grande bourgeoisie urbaine.

Les islamistes ont investi l'éducation populaire en Turquie comme un peu partout dans le monde musulman, notamment sous l'égide des Frères musulmans. Ces derniers sont gramsciens, par intuition ou connaissance livresque. L'intellectuel marxiste italien Antonio Gramsci (1891-1937) a démontré que la prise de pouvoir culturel (la « *métapolitique* ») précède nécessairement la prise de pouvoir politique. Le résultat de la métapolitique au long cours des Frères musulmans sautait aux yeux des militaires turcs en 1997. Ils essayaient maintenant de réenrouler la bobine. Mais ils avaient compris trop tard…

Les militaires étaient pris de vertige devant l'importance des islamistes dans la vie politique turque. Du coup, ils répudiaient la «*synthèse turco-islamique*» qu'ils avaient promue dès leur coup d'État de 1980. À l'époque, leur souci majeur, dans le contexte de la Guerre froide, était devenu la lutte contre le communisme et l'extrême gauche, puissants vecteurs d'agitation violente défiant l'autorité de l'État. Mais les temps avaient changé. La chute de l'Union soviétique avait miné la légitimité des forces de gauche. Le renouveau islamiste inondait le monde musulman. En Turquie, le balancier de la vie politique était reparti en direction de l'islamisme.

Les militaires avaient estimé le moment venu de mettre un coup d'arrêt à cette périlleuse dérive anti-kémaliste par un coup d'État. Non sans avoir lancé les sommations auparavant. L'année précédente, l'arrivée au pouvoir d'un véritable parti islamique, le *Refah*, pour la première fois dans l'histoire de la République turque, les avait mis sur des charbons ardents. Il y avait de quoi. Erbakan, le patron du parti devenu Premier ministre s'opposait à la politique kémaliste favorable à l'Europe et à l'Occident: «*Nous ne sommes pas occidentaux, nous ne sommes pas européens*» disait-il. Sa préférence allait à la création d'un grand marché commun du Maroc à l'Indonésie. Erbakan initia la création du *Developing-8* sur le modèle du G8, réunissant huit pays essentiellement musulmans: la Turquie, l'Iran, le Pakistan, l'Indonésie, la Malaisie, le Bangladesh, le Nigeria et l'Égypte.

Pourquoi pas. Mais ses convictions allaient très au-delà de ces prises de position. Il avait provoqué un scandale en 1989 lors d'un discours devant la communauté turque de la ville néerlandaise d'Arnhem: «*Les Européens sont malades… Nous leur donnerons les médicaments. L'Europe entière deviendra islamique. Nous conquerrons Rome*». Erdogan en rêve aussi, de même que la plupart des groupes djihadistes à travers le monde…

Galvanisés par la ferveur islamiste d'un chef pareil, les élus du *Refah* avaient oublié toute prudence. Ils s'étaient sentis pousser des ailes. Ainsi le 4 février 1997, le maire de Sincan, dans la banlieue d'Ankara, s'était déclaré publiquement en faveur de la *Charia*. Exaspérée, l'armée avait riposté en envoyant une quarantaine de chars encercler la zone. Mais cette incartade faisait partie d'une longue série produite par les élus du *Refah*.

Erdogan démis de ses fonctions et incarcéré

Donc, le 30 juin 1997, Erbakan démissionna sous la pression des militaires de son poste de Premier ministre, qu'il occupait depuis l'année précédente, à la tête d'un gouvernement de coalition. Il fut condamné à quatre mois de prison et interdit d'activité politique pour deux ans. Motif : « *incitation à la haine raciale et religieuse* ».

Le 6 janvier 1998, la Cour constitutionnelle dissout le *Refah*. Tout cela se fit sans que l'armée dissolve le Parlement et suspende la Constitution. Erdogan fut l'une des nombreuses victimes de l'épuration. Condamné sur la base de l'article 312 du Code pénal à 10 mois de prison ferme pour « *incitation à la haine religieuse* » (il fera 4 mois seulement grâce à des remises de peine et une loi d'amnistie), il fut déclaré inéligible pour 5 ans.

Naissance du Parti de la Vertu

Après dissolution du *Refah* par la cour constitutionnelle, le jeu des recréations de parti islamiste sous un autre nom reprit en 1998. Le nouveau parti islamiste se donna le nom de Parti de la vertu (*Fazilet partisi*, FP). Il repartit à l'assaut à l'occasion des élections législatives de 1999. Il remporta 102 sièges sur les 550 de l'Assemblée nationale. C'était un net recul.

Le *Fazilet* n'avait rien oublié ni rien appris. Il n'avait pas tiré la leçon du coup d'État de 1997 qui avait mené une fois de plus à une dissolution, celle de son prédécesseur, le *Refah*. Il afficha lui aussi un islamisme de nature à choquer l'armée. Ainsi, l'une de ses députées, Merve Kavakçi, crut bon d'entrer voilée dans l'enceinte du Parlement. C'était formellement interdit par le règlement. Il lui fut impossible de prêter serment. Le *Fazilet* émailla les débats parlementaires de ses saillies contre la laïcité. La suite ne se fit pas attendre bien longtemps. Le 22 juin 2001, la Cour constitutionnelle, saisie par le procureur de la République, prononça la dissolution de ce nouvel avatar islamiste pour « *atteinte au principe de laïcité* ». La Cour confisqua les biens du Parti.

Pour les militaires, la synthèse turco-islamiste n'était vraiment plus d'actualité. Ils n'avaient plus aucune envie de faire des compromis.

Naissance de l'AKP, génie manœuvrier d'Erdogan

Le fauve était en cage. Erdogan purgea sa peine de prison. Il vécut très mal cette détention. C'est un autre homme qui recouvra la liberté le 24 juillet 1999. Derrière les barreaux il avait eu le temps de réfléchir. Il avait compris qu'il fallait renoncer à prendre de front les militaires. Il était désormais urgent de changer complètement de tactique.

En fait, dès 1999 il avait pris des dispositions en créant au sein du *Fazilet* le mouvement des « *rénovateurs* » où se regroupaient des femmes luttant pour le port du foulard (les *« islamo-féministes »*), des intellectuels souhaitant concilier moralité islamique et pensée critique, et une partie du patronat islamique représentant principalement le monde des PME. Erdogan avait pris ses distances avec celui qui avait été son mentor : Erbakan. Il lui semblait manquer de souplesse tactique.

En 2001, le *Fazilet* se scinda en deux grandes tendances : d'un côté, les *« traditionalistes »,* proches d'Erbakan, qui se regroupèrent dans un nouveau parti, le Parti du bonheur (*Saadet partisi,* SP). De l'autre, une jeune génération moderniste de *« néotraditionalistes »,* se disant *« partisans du renouveau »,* conduits par Erdogan et Gül qui créèrent le Parti de la justice et du développement (*Adalet Ve Kalkinma Partisi,* AKP) le 14 août 2001, trois semaines après la dissolution du *Fazilet.* Les anciens et les modernes se séparaient.

Toutefois Erdogan récupéra les principaux leaders du *Fazilet* dans l'AKP, auquel il agrégea des personnalités de la société civile et de différentes formations politiques. Comme le Parti de la mère patrie (*Anavatan Partisi*, ANAVATAN), de centre droit libéral ayant des sympathies pour l'islamisme, fondé par Turgut Özal en 1983. Et le Parti démocrate (*Demokrat Partisi*, DP), conservateur et laïc, dissous par l'armée en 1960 et ressuscité en 2007.

Les dirigeants de l'AKP se présentèrent comme « *musulmans-républicains* », ou bien « *musulmans-démocrates* », à l'instar des « *chrétiens-démocrates* » européens. L'AKP insista sur son profil « *islamiste modéré* », « *démocrate conservateur* », pour échapper au couperet de l'interdiction par l'armée. L'AKP proclama sa fidélité au kémalisme et se dit pro-européen. « *Nous n'irons nulle part avec le radicalisme religieux* », confiait Erdogan à ses amis islamistes que ces reniements idéologiques incommodaient parfois.

Fondé par 70 politiciens de la droite et de l'extrême-droite, l'AKP se déclarait en faveur des droits de l'homme, de l'égalité entre les citoyens, quelle que soit leur identité ethnique et religieuse, des réformes à accomplir pour intégrer l'Union européenne...

Il est vrai que les grandes manœuvres d'Erdogan s'opéraient dans un contexte institutionnel en train de s'assouplir. Le gouvernement laïc de Bülent Ecevit alors en place avait lancé la révision constitutionnelle qui serait votée le 17 octobre 2001. Celle-ci renforçait les dispositions liées aux droits de l'homme et affaiblissait le statut du Conseil de sécurité nationale, le MGK, ce « gouvernement bis » piloté par les militaires, datant de la réforme constitutionnelle de 1961. Le MGK avait été la bête noire des islamistes. Sa domestication était en cours. Le risque de coup d'État semblait quelque peu diminuer. Mais Erdogan restait prudent. Un groupe de généraux dissidents pouvait, dans un accès de rage, mettre les chars dans la rue et s'emparer du pouvoir en restant sourds aux objurgations européo-américaines. La rébellion plutôt que le suicide politique...

Référence à Menderes et Ozäl (centre droit)

Erdogan se réclamait des réformateurs de centre droit que furent Adnan Menderes (pendu en 1961) et Turgut Ozäl. Des références qui dans les années 2000 n'inquiétaient plus l'armée. Ces personnalités avaient contesté l'ordre kémaliste mais sans anti-occidentalisme choquant. Menderes avait fait adhérer la Turquie à l'OTAN en 1952 et avait envoyé l'armée turque se battre en Corée pour aider les Américains. Mais voilà, Menderes s'était appuyé sur la paysannerie fidèle aux valeurs religieuses traditionnelles, sur les confréries religieuses renaissantes, et sur les chefs tribaux. Ce fut une des raisons de sa pendaison par les militaires en 1961. Erdogan a toujours éprouvé de la sympathie pour Menderes. Comme son père, dont il évoque souvent la réaction à l'annonce de son exécution sur l'îlot de Yassiada : de grosses larmes roulèrent sur les joues de cet homme rude. Il pleurait la mise à mort d'un ami du peuple, d'un défenseur des pauvres et des croyants. Quand Erdogan deviendra Premier ministre, il fera rebaptiser le lieu du sacrifice « *Île de la démocratie et des libertés* ». Les masses populaires turques gardent un souvenir ému de Menderes.

Il en va de même pour Turgut Özal, qui affirmait vouloir « *rendre la parole au peuple* » et menait une politique combinant le libéralisme économique et l'ouverture à l'islam, avec cette fois-ci l'assentiment de l'armée devenue adepte de « *la synthèse turco-islamique* ». Toutefois sa mort en 1993 à un âge relativement précoce (65 ans) lui a donné une auréole de martyr. La famille Özal a toujours contesté la version officielle : une crise cardiaque. Elle fait valoir qu'il avait été très bien soigné six ans auparavant au moyen d'un triple pontage réalisé par les meilleurs chirurgiens. Sa thèse – un empoisonnement – rencontre une large écoute dans la population. Les militaires se seraient débarrassés en la personne d'Özal d'un ami du peuple et des croyants qui, à l'instar de Menderes, serait allé trop loin.

Özal et Menderes : deux références historiques de l'AKP qui accréditaient le positionnement islamo-démocratique du parti. Erdogan réutilisera ces références par la suite.

Discours dual de l'AKP

Dans cette campagne électorale de 2002, l'AKP se présentait donc comme un parti de centre droit, islamo-démocrate, libéral en économie. Le parti s'appuyait sur une nouvelle classe moyenne de petits patrons anatoliens animés par l'esprit d'indépendance et de labeur, ayant profité de la modernisation de l'économie turque. Il proposait un programme de libéralisation économique destiné à attirer les capitaux étrangers et à favoriser la candidature de la Turquie à l'entrée dans l'Union européenne. De nouveaux marchés en perspective pour les entreprises.

Le parti niait farouchement les accusations d'islamisme portées contre lui par tous ceux qui voyaient son laïcisme et son constitutionnalisme tout neufs comme des faux nez pour manipuler l'armée. La presse kémaliste n'était pas dupe. Elle dénonçait ce qu'elle appelait « *un jeu de dupes* » destiné à éviter le déclenchement d'une nouvelle interdiction par les militaires.

Malgré son discours modéré, l'AKP n'oublia pas pour autant les couches populaires, bien au contraire. Le parti maniait le double langage avec aplomb. Le style policé était réservé aux élites dirigeantes turques et aux observateurs occidentaux. Mais les rencontres avec le peuple s'effectuaient sur un tout autre registre. Des prêcheurs charismatiques comme Abderrahmane Dilipak le quadrillaient systématiquement. Ils y faisaient vibrer la corde populiste avec le credo de la « *vision nationale* » (*Millî Görüs*), mettant l'islamisme au service du panturquisme. Erdogan lui-même enthousiasma les foules musulmanes en développant ces thèmes devant elles. Ce qui se passait dans les profondeurs du plateau anatolien et des banlieues ne sourdait pas dans les médias des grandes villes et de l'étranger.

Les cadres de l'AKP se partageaient les rôles. Intellectuel raffiné, Abdullah Gül faisait merveille auprès des milieux cultivés. Mais Erdogan aussi. Ce dernier est capable d'être charmant et subtil quand il le juge nécessaire. Il peut être aussi convaincant dans un cénacle mondain que dans un meeting populaire. Il est capable de maîtriser ces deux styles de communication pourtant si éloignés l'un de l'autre. Il passe de la plus exquise subtilité à la plus extrême brutalité selon les besoins du moment. Le dur de Kasimpasa n'est jamais loin…

Les islamistes de l'AKP enfin parvenus au pouvoir

Les élections législatives du 3 novembre 2002 validèrent cette stratégie duale : l'AKP fut porté par un raz-de-marée électoral, qui lui donna 363 des 550 sièges du Parlement. Plusieurs partis traditionnels furent évincés de la Grande Assemblée nationale parce qu'ils n'avaient pas atteint la barre des 10 % nécessaire pour y accéder. L'AKP n'y avait donc qu'un seul vis-à-vis : le Parti républicain du peuple (CHP), le parti kémaliste de centre gauche, qui avait obtenu 19,40 % des voix, soit 178 députés. De quoi donner les coudées franches au gouvernement issu de ces élections.

Sitôt au pouvoir, les dirigeants de l'AKP maintinrent la ligne de conduite qui leur avait si bien réussi jusque-là. Erdogan enfonça le clou devant les médias en répétant que l'AKP n'avait pas « *d'orientation religieuse* ». Il réitérait sa promesse de « *ne pas intervenir dans la vie des citoyens turcs* », ajoutant que « *le port du foulard ne constituait pas une priorité pour lui* ». Il insistait sur son intention de « *ne pas créer de tensions en Turquie* ». Erdogan réaffirmait la « *position pro-occidentale de la Turquie* », et annonçait : « *Nous allons accélérer la candidature de la Turquie à l'intégration européenne* ».

Erdogan a enlevé la chemise du Millî Görüs

Erdogan affirmait qu'il avait changé, qu'il n'était plus islamiste. Il admonesta les députés de son parti réunis à l'Assemblée nationale: «*Nous avons enlevé la chemise du* Millî Görüs. *Oubliez le passé, nous sommes un nouveau parti.*» Renier le *Milli Görüs*, c'était énorme pour des islamistes. Ce mouvement islamiste fondé par Erbakan dans les années 60 n'avait cessé d'être l'école de formation de l'islam politique turc. Cette injonction d'Erdogan fit scandale jusque dans les rangs de l'AKP, parmi les députés de l'aile droite du parti.

Erbakan, le père de l'islamisme turc et du *Millî Görüs*, ne décolérait pas contre son ex-fils spirituel. Il n'avait pas de mots assez durs pour «*ce traître*». Évoquant ces mots d'Erdogan devenus célèbres, «*Nous avons enlevé la chemise du Millî Görüs*», le vieux lion rugit en mai 2003: «*Maintenant, vous êtes sans chemise! Quelle chemise allez-vous bien pouvoir revêtir? La chemise de Bilderberg? La chemise du Rotary?*»

Erbakan et ses derniers fidèles, qui s'étaient réfugiés dans le Parti de la félicité (*Saadet Partisi*, SP) – largement siphonné par l'AKP – étaient persuadés qu'Erdogan avait vendu son âme aux «*francs-maçons*» et aux «*juifs*» pour accéder au pouvoir. Ils ne voyaient pas plus que les européistes les plus naïfs le caractère uniquement tactique de son nouveau positionnement. Ils croyaient qu'il avait renié définitivement ses convictions islamistes et anti-occidentales de jeunesse pour accéder aux délices du pouvoir. L'ambition personnelle était devenue le seul moteur de son activité politique. L'idéalisme avait complètement déserté son esprit.

La rupture entre les deux hommes fut totale. Erdogan avait « tué le père ». Jusqu'à la mort de ce dernier, en 2001, ils n'eurent plus aucun contact. Mais Erdogan, alors Premier ministre, viendra s'incliner publiquement devant le cercueil du vieux combattant de l'islam et lui rendra hommage.

La méprise d'une partie des islamistes turcs et des Occidentaux sur la psychologie profonde d'Erdogan avait des circonstances atténuantes. Il faut reconnaître que le sacrifice de l'idéal sur l'autel du carriérisme est des plus classiques, à toutes les époques, sous tous les cieux, dans tous les univers idéologiques. Légions sont les Rastignac de la politique qui se sont défroqués de leurs convictions par intérêt personnel. Avec un alibi bien commode : le réalisme.

Erdogan enfin Premier ministre

Erdogan avait écopé d'une inéligibilité de cinq ans. Son fidèle lieutenant, Abdullah Gül, assuma donc la fonction de Premier ministre en attendant qu'il récupère son éligibilité. Mais pendant cette période de transition, Erdogan dirigea en sous-main le gouvernement. Disposant de la majorité absolue au Parlement, le 26 décembre 2002, l'AKP vota une série d'amendements constitutionnels qui levèrent l'inéligibilité d'Erdogan. Il se présenta à une élection partielle le 9 février 2003 dans la province de Siirt et fut élu. Abdul Gül lui céda aussitôt et sans broncher la place de Premier ministre qu'il avait maintenue au chaud pour lui.

TROISIÈME PARTIE

PHASE DÉMOCRATIQUE DE L'EXERCICE DU POUVOIR

Chapitre I

Les libertés publiques contre l'armée

Dans le prolongement de sa stratégie de conquête du pouvoir, Erdogan utilisa l'assujettissement de la Turquie aux exigences démocratiques de Bruxelles dans le cadre de sa candidature à l'entrée dans l'UE pour castrer politiquement l'armée turque kémaliste.

L'armée turque menottée par l'UE

Le Parlement turc a pu voter les amendements constitutionnels ayant libéré Erdogan du carcan posé sur lui en 1998 pour « *incitation à la haine religieuse* » grâce au programme de réformes démocratiques exigé par l'Union européenne. Ce n'est pas d'un cœur léger que les militaires kémalistes laissaient un loup déguisé en agneau comme Erdogan recommencer à chasser dans l'arène politique turque. Mais la niaiserie européenne leur avait mis des menottes.

Indéniablement, les droits de l'homme, les droits des minorités et de la liberté religieuse occupèrent une place importante dans les réformes votées par le Parlement turc ces années-là sous la pression de l'Union européenne. Bien sûr, il ne suffisait pas de voter des lois, encore fallait-il les appliquer entièrement, ce qui était loin d'être le cas.

Toujours est-il qu'avant même l'arrivée de l'AKP au pouvoir, existait une dynamique de réforme liée à la perspective européenne. Il fallait mettre la Turquie en conformité avec «*les critères de Copenhague*» définis lors du Conseil européen de Copenhague en 1993 et renforcés par le Conseil de Madrid en 1995, qui définissaient les conditions à remplir par les pays candidats à l'entrée dans l'UE. La préparation du Conseil européen de Copenhague qui se tiendrait les 12 et 13 décembre 2002 avait déclenché de nombreuses mesures. En mars 2002, les lois sur les partis politiques, les associations, les tribunaux d'exception furent mises en conformité avec les exigences de l'UE. Le 3 août 2002, le Parlement votait d'autres réformes, comme l'élargissement de l'abolition de la peine de mort votée en 2001 à tous les crimes en temps de paix, le principe de l'enseignement des langues minoritaires (notamment le kurde) et l'autorisation des publications en «*langues maternelles*».

Ces réformes voulues par l'Union européenne réjouissaient les observateurs occidentaux. Mais en rognant les griffes de l'armée, elles ouvraient un boulevard aux islamistes turcs.

Une fois arrivés au pouvoir par les élections législatives de novembre 2002, ils n'essayèrent pas d'annuler ce qui avait déjà été voté. Bien au contraire, ils poursuivirent les réformes souhaitées par l'UE. L'AKP majoritaire à la Grande Assemblée nationale votait avec détermination les «*paquets de réformes*» aux allures progressistes. Erdogan affaiblissait le pouvoir des militaires au nom des droits de l'homme en s'abritant sous le parapluie européen. Il prenait ainsi l'armée à revers. Celle-ci, sous étroite surveillance européenne, n'osait pas déclencher un coup d'État pour expulser du pouvoir les islamistes de l'AKP, de peur de compromettre l'intégration de la Turquie à l'UE. Bruxelles veillait. Washington aussi. L'armée turque ne refusait rien à l'allié américain, qui la comblait d'armements ultramodernes.

Le « *7e paquet de réformes* » fut adopté le 31 juillet 2003 par le Parlement turc pour continuer à mettre la Turquie en conformité avec « *les critères de Copenhague* ». Ce « *paquet* » s'appesantissait sur le rapport de force entre l'armée kémaliste gardienne de la laïcité et le parti islamiste au pouvoir, l'AKP. Il imposait de réduire encore ce qui restait des pouvoirs du Conseil national de sécurité, le MGK (*Milli Güvenlik Konseyl*). Bruxelles exigeait qu'un plus grand nombre de civils y fussent intégrés. Et surtout que ses décisions fussent soumises au vote du Parlement ! La descente aux enfers du MGK se poursuivait. En octobre 2004 et pour la première fois, son secrétaire général fut un civil et non plus le chef d'État major. Croyant installer solidement la démocratie en Turquie, l'Union européenne libérait les islamistes turcs de leur cauchemar permanent, le MGK, et la menace de coup d'État militaire…

Dans mon livre « *10 questions sur la Turquie et 10 réponses qui dérangent* » (éditions Jean-Cyrille Godefroy), paru en avril 2005, je multipliai les avertissements sur les intentions profondes d'Erdogan, écrivant notamment : « *Ce que veut réellement le Premier ministre turc, c'est restaurer la* Charia *(la loi islamique) en Turquie. Ne souhaitant heurter ni les Européens ni l'armée turque, gardienne de la laïcité kémaliste, il prend des précautions sémantiques, tout en avançant par étapes sur la voie de la restauration d'un État islamique turc. Erdogan utilise l'Union européenne et ses exigences démocratiques pour empêcher un nouveau coup d'État militaire.* »

Erdogan ménageait à la fois l'UE et son électorat islamiste

Erdogan cheminait sur une ligne de crête avec un remarquable génie manœuvrier. Il lui fallait offrir des douceurs à l'armée. Il s'arrangea pour que le nouveau Code pénal turc flatte son nationalisme intransigeant. Exemple : l'article 127, prévoyant des peines de prison pour les auteurs d'articles qui porteraient atteinte aux *« intérêts nationaux »* de la Turquie. À ce sujet la loi définissait quelques thèmes : *« les Arméniens ont subi un génocide à l'époque ottomane »*, ou bien *« l'armée turque doit quitter Chypre »*. Enfreindre cette interdiction peut valoir jusqu'à 10 ans de prison. Des députés introduisirent un amendement limitant la pénalisation de ces affirmations aux cas où elles seraient motivées par *« des intérêts matériels »*. Néanmoins ces dispositions législatives, agréables aux militaires, reflétaient aussi l'esprit islamo-nationaliste du gouvernement et de la majorité parlementaire turcs issus des élections législatives du 3 novembre 2002 qui avaient porté l'AKP au pouvoir.

Pendant qu'il promouvait les réformes, le Premier ministre turc faisait des clins d'œil à son électorat islamiste pour lui signifier qu'il ne l'oubliait pas. Il en résultait des dissonances trahissant les arrière-pensées islamistes du gouvernement Erdogan. Exemple : en 2004, il essaya de glisser dans le projet de refonte du Code pénal proposé au Parlement la criminalisation de l'adultère, qui serait passible d'une peine de prison. Ce projet de loi s'inspirait du Coran, mais en version plus douce que la lapidation. Erdogan le retira finalement pour ne pas inquiéter les participants au sommet européen de Bruxelles des 16 et 17 décembre 2004, où serait décidé le lancement des négociations pour l'entrée de la Turquie dans l'UE. Il aurait lieu le 3 octobre 2005.

Autre clin d'œil aux couches populaires islamistes : le port ostensible du voile par les épouses et les filles des plus hauts dignitaires du gouvernement (Recep Erdogan, Abdul Gul, etc.) lors des apparitions en public. Le gouvernement de l'AKP cherchait à généraliser le port du voile islamique en Turquie, attribut vestimentaire à forte portée symbolique, donc véritable instrument politique au service de l'avènement d'une théocratie musulmane. Ce voile qu'Atatürk avait si fortement combattu...

Succès de l'AKP aux municipales de 2004

L'habileté stratégique d'Erdogan portait ses fruits. De même que sa politique économique, fondée sur des privatisations en nombre, une diminution de la pression fiscale, une réduction du nombre des fonctionnaires, une suppression du protectionnisme d'État et une libéralisation des échanges commerciaux avec un abaissement des droits de douane et une suppression des quotas d'importation.

Il en est résulté une libération des énergies entrepreneuriales. Les patrons de PMI-PME anatoliens et les petits commerçants étaient satisfaits, les patrons de grandes sociétés aussi. D'autant qu'Erdogan jouait la carte européenne. La perspective de l'entrée de la Turquie dans l'UE réjouissait le monde économique. Le marasme des années 90 avait disparu. La Turquie s'insérait dans le mouvement dynamique de la mondialisation en plein essor, avec des exportations grandissantes. Son économie était engagée dans une spirale vertueuse protégée par la stabilité politique due à la majorité parlementaire de l'AKP. L'embellie économique était mise au crédit d'Erdogan.

Le 28 mars 2004, quelque dix-sept mois après son arrivée au pouvoir, l'AKP passa triomphalement le test des élections municipales, prenant la tête de 55 des 81 grandes villes du pays avec 42,2 % des suffrages en moyenne. Un résultat encore meilleur que celui des législatives de novembre 2002 (34,6 %) qui lui avait assuré une écrasante majorité à la Grande Assemblée nationale. Ce plébiscite renforça la marge de manœuvre du gouvernement Erdogan.

Chapitre II

Quand Erdogan souhaitait l'entrée de la Turquie dans l'Union européenne

Dans un premier temps, Erdogan considéra l'entrée de la Turquie dans l'Union européenne comme un moyen de la dominer par la masse de sa population, et pas seulement de neutraliser l'armée kémaliste et de dynamiser l'économie. Il y voyait le levier d'une extension formidable de la puissance turque.

La Turquie dans l'UE : volonté de puissance d'Erdogan

La campagne pour le référendum du 29 mai 2005 sur la Constitution européenne battait son plein. Elle s'accompagnait d'une grande idée véhiculée par les cénacles intellectuels en vue : l'entrée de la Turquie dans l'Union européenne. Ils expliquaient que ce serait une chance extraordinaire pour le Vieux Continent.

Leur enthousiasme se nourrissait du fait qu'Erdogan cherchait à accélérer le processus d'intégration à l'UE au lieu d'annuler les acquis déjà obtenus par ses prédécesseurs. L'Occident le prenait pour un authentique démocrate, certes un « *islamo-démocrate* », mais il y avait bien des

« *chrétiens-démocrates* » en Europe… La religion, ce n'était pas un problème.

Les meilleurs experts ne devinaient pas les ressorts de la personnalité d'Erdogan. Ils ne voyaient pas non plus (ou refusaient peut-être de voir) le mouvement de réislamisation qui travaillait la psyché collective turque depuis de nombreuses années, l'éloignant de l'univers mental européen.

Ce projet sera recalé par les non français et hollandais au référendum de 2005. Les 27 membres de l'UE signèrent le 13 décembre 2007 le Traité de Lisbonne, qui répliquait avec quelques modifications cosmétiques le texte de 2005. Mais cette fois-ci, les dirigeants européens enjambèrent la volonté populaire en faisant ratifier le traité non plus par référendum, mais par les parlements nationaux. À une exception près : l'Irlande.

Menées à bonne fin en catimini, la signature et la ratification du traité de Lisbonne n'eurent pas le même retentissement politico-médiatique que la campagne pour le référendum de 2005 où se tint l'essentiel du débat public sur la Constitution européenne. Débat resté pertinent pour le texte du Traité de Lisbonne, qui reproduisait la logique de celui de 2005.

Une constitution conçue pour intégrer la Turquie

« Le référendum sur le traité constitutionnel européen et la Turquie ne sont pas liés », assénaient les responsables politiques favorables à ce projet pour calmer une opinion publique majoritairement inquiète. D'un point de vue étroitement formel, oui : le référendum du 29 mai 2005 portait sur l'opportunité de ratifier le Traité constitutionnel européen. C'est-à-dire de donner à l'Europe sa

première constitution. Le questionnaire proposé aux électeurs ne mentionnait pas l'entrée de la Turquie dans l'UE.

Les acteurs politiques partisans du traité constitutionnel soutenaient qu'il serait absurde de le sacrifier à cause de la question de l'entrée de la Turquie dans l'Europe, qui était un tout autre sujet selon eux. Ils mentaient avec aplomb. Au contraire, la Constitution semblait taillée sur mesure pour intégrer la Turquie, ce qui n'avait pas du tout échappé à Erdogan. Pour cause : la Turquie avait participé à l'élaboration du projet de constitution et l'avait signé en octobre 2004 à Rome, comme si elle avait déjà été membre à part entière de l'UE ! La Constitution ne définissait pas les frontières de l'Europe, ce qui rendait possible l'intégration de la Turquie dont le territoire est situé à 96 % en Asie. À l'inverse du Traité de Nice en vigueur jusque-là qui attribuait nominativement aux 27 pays membres de l'époque le nombre de sièges au Parlement européen et de voix au Conseil sans que la Turquie figurât dans cette liste.

Le texte constitutionnel, récupéré ensuite par le Traité de Lisbonne, instaurait la double majorité qualifiée pour les prises de décision au sein du Conseil, appelé aussi Conseil de l'UE, ou bien encore Conseil des ministres, qui représente les États : l'adoption d'un texte nécessitait le soutien d'au moins 55 % des États membres représentant au moins 65 % de la population de l'UE. Ce sera le mode de votation le plus largement utilisé au sein du Conseil, d'où sortent environ 80 % des actes législatifs adoptés par l'UE. Le poids démographique devenait ainsi le fondement principal de la puissance au sein du Conseil. Ce système, qui remplaçait celui du Traité de Nice attribuant fixement à chaque État membre un certain nombre de voix, donnait l'avantage aux pays à forte population, à charge pour l'UE de prendre en compte les évolutions démographiques au fil du temps. Si elle avait intégré l'Union, la Turquie, avec ses 70 millions d'habitants à l'époque, devenus 82 millions aujourd'hui, aurait pesé lourdement sur les décisions du Conseil. De même que sur les votes du Parlement européen, le poids démographique de chaque État déterminant le nombre de ses députés. La dénatalité européenne aurait contribué à renforcer progressivement l'avantage turc. Sans compter les apports résultant de l'octroi à grande échelle de la nationalité turque aux turcophones d'Asie centrale et du Caucase. La Turquie serait prépondérante au Parlement européen comme au Conseil des ministres de l'Union.

Le traité constitutionnel étendait la majorité qualifiée à 25 nouveaux domaines de compétence, l'un d'eux étant crucial : l'immigration. L'étendue de ces domaines de compétence aurait été, pour une Turquie intégrée à l'UE, un levier de pouvoir phénoménal.

La nouvelle constitution renforçant les instruments de décision de l'Europe, la Turquie bénéficierait d'un prolongement de puissance impressionnant. Il aurait pu advenir que le président du Conseil européen ou le ministre des Affaires étrangères européen soient Turcs. Ils auraient travaillé – de concert avec un Parlement européen dominé par les députés turcs et leurs alliés musulmans – à subordonner la politique étrangère européenne aux impératifs de celle de la Turquie. C'est-à-dire à projeter l'Europe dans l'une des zones de tensions les plus dangereuses au monde, l'impliquant dans les querelles qui opposent la Turquie à la Syrie et l'Irak sur le partage des eaux du Tigre et de l'Euphrate, à ces pays sur la question kurde, et la mettant en contact direct avec les hauts fourneaux islamistes que sont l'Irak, l'Iran, l'Asie centrale.

L'Europe serait immanquablement entraînée dans les imbroglios turcs. D'une part, la Constitution instaure une clause de solidarité selon laquelle, si un État membre fait l'objet d'une attaque terroriste ou d'une catastrophe naturelle ou d'origine humaine, les autres États membres lui portent assistance. Dans ce cas, l'Union mobilise tous les instruments à sa disposition, y compris les moyens militaires fournis par les États membres, afin de secourir l'État concerné. Et surtout, le traité constitutionnel comporte une obligation de défense mutuelle liant tous les États membres : dans le cas où le territoire de l'un d'eux est attaqué, les autres lui portent aide et assistance par tous les moyens en leur pouvoir. Cette obligation, qui n'affecte pas la neutralité de certains États membres, doit être mise en œuvre en étroite coopération avec l'OTAN.

Les secours sont réservés à un État membre agressé, et non pas agresseur. Mais l'entrelacs des situations de crise rend souvent ce distinguo impossible à établir.

Intégrée à l'Europe, la Turquie l'entraînerait dans sa politique panturque, consistant à regrouper autour de la Turquie les peuples turcophones du Caucase, d'Asie centrale et de la Fédération de Russie. Moscou ne tarderait pas à accuser l'Europe de pousser ses territoires musulmans à la sécession, ce qui aurait un effet d'émulation sur d'autres. Tout cela ne déplairait pas aux Américains, soucieux d'empêcher l'émergence d'une superpuissance en Eurasie : tout ce qui concourt à affaiblir l'Europe et à l'empêcher de se rapprocher de la Russie leur convient. Or ce jeu ne devrait plus avoir cours, eu égard à l'irrésistible ascension dans le monde musulman de l'intégrisme islamiste, qui fait peser sur l'Occident une menace dont il est encore loin de percevoir toute la gravité. Face à la montée de ce nouveau totalitarisme, celui de la *Charia*, la loi islamique, qui entend imposer au monde la théocratie d'Allah, devrait naître une union sacrée entre les États-Unis, l'Europe et la Russie, avec tout ce que cela implique de concessions mutuelles.

La Turquie deviendrait une superpuissance militaire

Très puissante, l'armée turque est la seconde de l'OTAN après celle des États-Unis. Intégrée à une Europe fortement démilitarisée, elle y occuperait le premier rang. Et elle bénéficierait des apports de l'industrie militaire européenne. Pas seulement par l'achat de matériel, pour lequel le fournisseur américain entendrait conserver la priorité. Mais aussi par de nombreux transferts de technologie lui permettant de développer et moderniser ses industries d'armement.

La Turquie dans l'Europe, ce serait le renard dans le poulailler. Créée en 2004 et ouverte à tous les États membres souhaitant y participer, l'Agence européenne de défense est placée sous l'autorité du Conseil des ministres. Sa mission : aider les États membres à développer leur potentiel militaire. La Turquie se serait précipitée dans cette agence de défense comme dans une caverne d'Ali Baba. Intégrée à l'UE, la Turquie aurait accès aux savoir-faire européens les plus sophistiqués. Certes, elle serait confrontée aux limites de son économie, mais elle améliorerait son industrie d'armement. Ceci, couplé aux imposants effectifs de son armée, finirait par faire de la Turquie une superpuissance militaire.

La règle du vote à l'unanimité en qui concerne le processus décisionnel en matière de politique de défense est un garde-fou. Mais, en pouvant bloquer certaines décisions, la Turquie aurait un moyen de pression. Elle l'utiliserait comme à l'OTAN, où elle n'hésite pas à brandir son droit de veto pour soumettre les États européens à ses volontés. L'intégration de la Turquie à l'Europe du traité constitutionnel démultiplierait l'emprise sur la défense européenne que lui vaut déjà son appartenance à l'OTAN.

Il faut porter au crédit de Nicolas Sarkozy qu'il se déclara contre l'entrée de la Turquie en Europe alors qu'il était à l'époque ministre de l'Intérieur. Il a toujours réaffirmé ce choix.

Pas de référence à l'identité chrétienne de l'Europe

La Turquie eut l'occasion de faire valoir ses volontés dans la préparation de la Constitution européenne. En effet elle fut associée en tant que pays observateur à tous les travaux préparatoires, notamment la Convention. Elle y exigea et obtint que ne fussent absolument pas mentionnées les racines chrétiennes ou chrétiennes de l'Europe dans le préambule de la Constitution. Ce veto turc l'emporta sur la volonté d'une majorité des États membres qui voulaient l'inscription officielle de cette mention, parmi lesquels l'Espagne, l'Italie, la Pologne. Pourtant leur demande s'appuyait sur une réalité historique incontestable. Les racines chrétiennes de l'Europe influencent les sociétés laïcisées d'aujourd'hui qui restent imprégnées des valeurs religieuses qui y prédominaient auparavant. Le droit-de-l'hommisme est en grande partie du judéo-christianisme laïcisé. Le partage par Jacques Chirac de l'aversion turque pour la mention des racines chrétiennes de l'Europe pesa lourdement dans la balance. La position du Président français était peut-être due à son absence vertigineuse de culture, déguisée en amour des « arts premiers »...

L'abdication de son identité par l'UE a mis en joie les dirigeants turcs. Abdullah Gül, le ministre des Affaires étrangères, exprima sa satisfaction, le 19 juin 2004, devant les journalistes de l'Agence de presse Anatolie : *« Il n'y a pas de référence à la religion* [chrétienne]. *C'est une bonne Constitution, qui remplit les attentes de la Turquie. »* Le Traité de Lisbonne ne mentionna pas, lui non plus, les racines chrétiennes de l'Europe. Il confirmait la soumission des dirigeants européens aux oukases d'Erdogan. On imagine la réaction d'un De Gaulle dans une telle situation…

Ouverture des négociations d'adhésion sans condition préalable

Hélas, les bassesses des dirigeants européens continuèrent. Le Conseil européen, réuni à Bruxelles les 16 et 17 décembre 2004, décida l'ouverture pour le 3 octobre des négociations de son adhésion avec la Turquie, sans condition préalable. Pourtant, ce pays était loin de satisfaire aux critères définis par le Conseil européen de Copenhague en 1993 : *« L'adhésion requiert de la part du pays candidat qu'il ait des institutions stables garantissant la démocratie, la primauté du droit, des droits de l'homme, le respect des minorités et leur protection, l'existence d'une économie de marché viable ainsi que la capacité à faire face à la pression concurrentielle et aux forces du marché à l'intérieur de l'Union. L'adhésion présuppose la capacité du pays candidat à en assumer les obligations et notamment à souscrire aux objectifs de l'Union politique, économique et monétaire. La capacité de l'Union à assimiler de nouveaux membres tout en maintenant l'élan de l'intégration constitue également un élément important répondant à l'intérêt général aussi bien de l'Union que des pays candidats. »*

Coup de gueule d'Erdogan en plein Conseil

Mais les lacunes incommensurables de la candidature turque n'inhibèrent pas du tout Erdogan venu en personne participer à ce Conseil européen. Devant une assistance pétrifiée, il se comporta en butor. La scène a été décrite par Jean Asselborn, alors ministre des Affaires étrangères luxembourgeois. À l'issue du sommet, en présence des dirigeants de tous les pays de l'UE, Erdogan se mit soudain à éructer contre le principe d'une reconnaissance de la République de Chypre par la Turquie. Il refusait catégoriquement de signer un protocole d'accord sur l'extension de l'union douanière avec la Turquie aux dix nouveaux membres de l'Union, Chypre étant l'un d'eux. Signer aurait signifié la reconnaissance implicite de l'État chypriote par la Turquie. « *On avait tout terminé*, explique Jean Asselborn. [...] *Il y a eu des tractations terribles pour trouver un texte.* [...] *Le Conseil européen était terminé officiellement. On a fait venir les quatre délégations* [des pays candidats, dont la Turquie]. [...] *Et là, tout à coup, Monsieur Erdogan a recommencé à parler de la reconnaissance de Chypre à mon avis d'une façon assez provocatrice, assez agressive. Monsieur Erdogan* [...] *a fait savoir que la reconnaissance de Chypre n'est pas possible pour eux pour l'instant* ». Jean Asselborn ne s'en remettait pas : le Premier ministre turc s'exprimait de « *façon assez radicale, assez agressive. On était tous perplexes* », répéta-t-il. Et de conclure : « *Nous appuyons et appuierons à l'avenir les négociations d'adhésion à la Turquie. Mais ce qu'on ne peut pas accepter, c'est de recommencer à discuter et à remettre en cause une chose fondamentale qui est la reconnaissance de Chypre* » alors que parvenir à un accord entre les 25 et la Turquie avait demandé « *autant de peine* ».

Le Conseil européen céda aux exigences turques en décidant de surseoir à cette signature qui, sur la foi de vagues promesses émises par Erdogan, devait intervenir avant le 3 octobre, date de l'ouverture des négociations. L'indulgence dont fit preuve le Conseil européen est inqualifiable. Le comportement du Premier ministre turc aurait dû provoquer l'annulation des négociations sur l'entrée de la Turquie en Europe. Au contraire, le processus suivit son cours, exemptant Ankara d'une condition *sine qua non* imposée à chaque nouvel entrant : la reconnaissance de tous les États membres de l'UE. La République de Chypre en est un.

La reculade européenne sur la question chypriote n'était pas la seule victoire d'Erdogan. Le Conseil européen des 16 et 17 décembre autorisa le lancement des négociations d'adhésion de la Turquie sans même évoquer la reconnaissance du génocide des Arméniens en 1915 (1,5 million de morts dans des conditions horribles), l'émancipation des femmes, la question kurde, la torture et les droits de l'homme.

Il n'y avait décidément rien à refuser à la Turquie. Celle-ci fit inclure dans les conclusions du Conseil européen le principe que le processus de négociation ne pourrait être interrompu que sur la demande d'un tiers des États membres, et non plus d'un seul d'entre eux, comme c'était le cas jusque-là.

Pourtant, Jacques Chirac avait affirmé, le 15 décembre sur TF1, qu'à tout moment chaque pays pourrait interrompre les négociations. Il promettait la tenue « *dans 10 ans* » (c'était 15 peu de temps avant) d'un référendum sur l'entrée de la Turquie. Ce délai ne l'engageait pas…

Les dirigeants européens accéléraient le processus d'intégration de la Turquie pour lui faire passer le point de non-retour. Ils ne voulaient pas fermer la porte après des années de promesses et de négociations. *« On ne dit pas non devant Monsieur le Maire après 10 ans de fiançailles »*, commentait Robert Badinter.

Défilé de la victoire à Istanbul

Des milliers de partisans de l'AKP se massèrent à l'aéroport d'Istanbul pour accueillir Erdogan de retour au pays. Ils criaient *« Bienvenue à notre Premier ministre, conquérant de l'Union européenne »*, *« La nouvelle étoile de l'Union européenne »*, *« Pas d'Union européenne sans Turquie »*. Le lendemain, le Premier ministre turc défila dans la capitale, escorté de 10 000 voitures, longeant sur près de 25 km une haie d'admirateurs en liesse. C'était le défilé de la victoire d'un général romain ou d'un Sultan ottoman célébrant la conquête de nouvelles terres pleines de richesses. L'ivresse du butin... L'Europe, ce fut le gibier de choix des grands prédateurs ottomans. Elle l'est restée aux yeux d'Erdogan, avec ses immenses richesses, sa candeur d'Église droit-de-l'hommiste et ses élites mondialistes incapables de bâtir une Europe-forteresse.

Une insulte à la volonté des peuples européens

Le contournement du non au référendum de 2005 par le traité de Lisbonne de 2008 fut une insulte à la volonté des peuples. Quelles auraient été les conséquences institutionnelles du rejet du projet constitutionnel ? Le Traité de Nice aurait continué à s'appliquer jusqu'à ce qu'un nouveau texte soit adopté à l'unanimité des pays de l'UE. Les dirigeants auraient été obligés de tenir compte de la volonté des peuples européens, en limitant définitivement la construction de l'UE au continent européen. La Turquie ou le Maghreb ne sont pas européens, l'Ukraine oui. Les critères de Copenhague – que la Turquie ne remplissait pas en 2005, encore moins maintenant – sont très insuffisants pour évaluer une candidature d'adhésion à l'UE. Il faut leur adjoindre un autre critère, tout à fait essentiel : celui de l'identité des peuples européens, héritiers du christianisme ainsi que de l'antiquité gréco-latine et juive et des cultures celtiques et germaniques. Mais les élites qui dirigent les peuples européens leur refusent la reconnaissance de leur identité, qu'elles réservent obséquieusement aux minorités venues d'ailleurs.

Victoire aux législatives de 2007

L'élection présidentielle du 27 avril 2007 déclencha une crise politique. Abdullah Gül, vice-Premier ministre et ministre des Affaires étrangères, obtint 357 voix sur les 361 députés présents. Il lui manquait 10 voix pour avoir la majorité des deux tiers requise : 367 voix. Encouragé par l'armée, le Parti républicain du peuple (CHP), le seul vis-à-vis de l'AKP dans cette Assemblée bicolore, n'avait pas présenté de candidat et avait boycotté cette séance parlementaire. Après quoi il présenta un recours devant la Cour constitutionnelle. Une impressionnante manifestation des partisans de la laïcité contre la candidature de « *l'islamiste* » Abdullah Gül eut lieu à Istanbul. La Cour constitutionnelle annula l'élection présidentielle du 27 avril.

Erdogan déclencha la tenue d'élections législatives anticipées qui se tinrent le 22 juillet 2007, en mettant en garde les électeurs : « *Je prendrai ma retraite si mon parti n'est pas en mesure de gouverner seul.* » Il gagna son pari avec une très nette victoire de l'AKP : 46,66 % des voix, contre 20,85 % pour le CHP. Toutefois, l'Assemblée cessait d'être bipartite : le Parti d'action nationaliste (MHP) d'extrême-droite eut 14,29 % des voix. En outre furent élus 27 députés indépendants issus de formations politiques variées, représentant les minorités kurdes pour la plupart.

L'AKP continuait à récolter les fruits de l'action gouvernementale d'Erdogan, caractérisée par une forte croissance économique et le maintien de bons rapports avec l'UE dans le cadre de la procédure d'adhésion de la Turquie.

Le 28 août 2007, le Parlement élit Abdullah Gül à la présidence de la République en remplacement du très laïque Necdet Sezer. Erdogan avait gagné l'épreuve de force que l'armée avait engagée contre lui par l'intermédiaire du CHP. Il est vrai que les militaires n'avaient pas osé aller jusqu'au coup d'État. Ils s'étaient cantonnés dans l'action en sous-main.

QUATRIÈME PARTIE

LA PHASE DESPOTIQUE DE L'EXERCICE DU POUVOIR PAR ERDOGAN

Chapitre I

Victoires décisives d'Erdogan sur les kémalistes

À la fin des années 2000, Erdogan obtint deux victoires décisives sur les kémalistes. Saisie d'une demande de dissolution de l'AKP, la Cour constitutionnelle s'abstint de la prononcer. Erdogan utilisa le procès Ergenekon pour fracasser la tête kémaliste de l'armée turque.

Victoire d'Erdogan sur la Cour constitutionnelle

L'année 2008 a été un tournant dans les rapports entre l'AKP et les milieux laïques. La Cour constitutionnelle était l'un des bastions conservés par les partisans de la laïcité. Un ultra-laïc, Ahmet Necdet Sezer, en avait nommé la majorité des juges quand il avait été président de la République, de 2000 à 2007. La Cour constitutionnelle tentait de réagir contre la politique d'Erdogan encourageant la réislamisation de la Turquie. Ainsi, en juin 2008, la Cour annula deux amendements votés par le Parlement le 7 février précédent, qui avaient autorisé le voile dans les universités. La décision, prise à 9 voix contre 2, ne fut pas motivée, ce qui était illégal.

En mars 2008, la Cour avait jugé recevable une procédure d'interdiction de l'AKP dont elle avait été saisie par les laïques pour complot contre la République kémaliste et atteinte à la laïcité. L'examen de ce recours débuta le 28 juillet 2008. Une forte inquiétude s'était emparée de l'AKP, qui s'attendait à être dissoute pour «*activités antilaïques*» comme le furent le Parti du bien-être en 1998 et le Parti de la vertu en 2001. Il est vrai que la Cour avait à son actif la dissolution de 24 partis depuis 1962. Mais pas celle d'un parti au pouvoir, y étant en outre arrivé en toute légalité par les urnes. Dissoudre l'AKP déclencherait une crise politique majeure. Comme à l'accoutumée, la question du port du voile était une pierre d'achoppement. Un député de l'AKP, Mehmet Katmis, avait déclaré: «*L'interdiction du port du voile est contraire aux droits de l'homme, personne n'a le droit de l'interdire.*» Soixante-quinze membres de l'AKP, dont le président de la République Gül, et le Premier ministre Erdogan, avaient aussi tenu ce genre de propos. Il pouvait leur en coûter une interdiction d'être membre d'un parti politique pendant 5 ans.

Coup de théâtre, fin juillet: la Cour décida de ne pas prononcer la dissolution de l'AKP, à une voix près: six juges votèrent pour quand il en fallait sept. Elle se contenta de condamner le parti à une amputation de la moitié des 26 millions de subventions publiques qui lui étaient allouées chaque année pour «*activités antilaïques*». Derrière la surprenante décision de la Cour constitutionnelle, il y avait l'UE et les États-Unis. Ils avaient arrêté le bras vengeur des défenseurs turcs de la laïcité. Derrière la Cour constitutionnelle, c'est l'armée, rempart ultime de la laïcité kémaliste, qui avalait une couleuvre de plus. Elle était obligée de rentrer sa colère. Le général Yasar Büyükanit, chef d'État-major des armées, déclara: «*La position des forces armées ne change pas. Ni avant moi, ni avec moi, ni après mois.* » Oui, bien sûr. Mais l'armée était réduite à l'impuissance. Son calvaire ne s'arrêterait pas là.

Procès Ergenekon *: Écrasement par Erdogan de la direction kémaliste de l'armée*

Des généraux, des amiraux, des officiers supérieurs gendarmerie, des personnalités civiles… À partir de juin 2007, les télévisions turques filmèrent des norias d'hommes menottés que des policiers en civil conduisaient en prison. C'était le cès *Ergenekon*, du nom d'un présumé réseau criminel turc constitué d'officiers de l'armée et de la gendarmerie, de magistrats, de mafieux, d'universitaires, de journalistes, de militants de l'extrême droite et aussi de la gauche républicaine. Ces arrestations furent massives. Au total, 300 personnes, dont 200 militaires, furent jetées en prison entre juin 2007 et novembre 2009 dans le cadre du procès *Ergenekon*.

La découverte à Istanbul, en juin 2007, d'un dépôt d'armes contenant 27 grenades avait déclenché l'enquête. Ensuite d'autres dépôts furent mis à jour, par exemple à Ankara. Il s'agissait de véritables arsenaux de guerre : grenades, kalachnikovs, lance-flammes, missiles légers antichars. On découvrit des plans d'attentats ciblés *false flags* (sous faux drapeau) : une méthode connue des services de renseignement à travers le monde.

L'instruction débuta le 28 juillet 2008. Les prévenus avaient subi une très longue détention préventive. Les juges prononcèrent 194 inculpations, fondées sur divers motifs : conspirations, tentatives d'assassinat contre le romancier et prix Nobel de littérature Orhan Pamuk et contre le Premier ministre Erdogan, assassinats du journaliste et écrivain turco-arménien Hrant Dink, ainsi que du journaliste d'investigation Ugur Mumcu qui travaillait pour le grand journal kémaliste de centre-gauche *Cumhuriyet*.

Les charges qui pesaient sur le réseau *Ergenekon* étaient lourdes. Les enquêtes faisaient état de véritables escadrons de la mort agissant pour le compte de l'État, financés indirectement et couverts par lui, qui avaient partie liée avec les puissantes mafias turques de la drogue. Il leur était notamment imputé une série d'assassinats de partisans et sympathisants du Parti des travailleurs du Kurdistan (*Partiya Karkerên Kurdistan*, PKK), qui est une organisation politique armée kurde née en 1978.

Le réseau *Ergenekon* était une organisation très sophistiquée mise sur pied pendant la Guerre froide dans le cadre de la constitution des cellules *stay-behind* « restez derrière ». Les États-Unis étaient à la manœuvre à travers l'OTAN. Outre la Turquie, la toile d'araignée de ces cellules s'étendait sur 16 pays de l'Europe de l'Ouest. Leur mission : en cas d'attaque par les armées du Bloc de l'Est, les combattre une fois celles-ci déployées dans les territoires conquis. Le réseau italien *Gladio* (« Glaive ») fut la première de ces cellules à défrayer la chronique médiatique. La cellule turque avait perduré après la chute de l'Union soviétique en recyclée par l'État profond.

En janvier 2010, le journal turc *Taraf* publia de nouvelles révélations fracassantes sur le réseau *Ergenekon*. Celui-ci avait projeté de faire en 2003 un coup d'État nommé *Balyoz* (masse de forgeron) contre le gouvernement islamo-conservateur issu des élections de 2002. La médiatisation de l'affaire conduisit à l'interpellation d'une cinquantaine d'officiers supérieurs. Ils furent entendus par des procureurs civils. Des hauts gradés furent inculpés, parmi lesquels deux amiraux en activité. On frappait la tête de l'armée kémaliste.

Il est vrai que l'importance hiérarchique des prévenus correspondait à l'ampleur du projet de coup d'État de 2003. Il s'agissait de lancer une série d'attaques spectaculaires contre des avions de chasse grecs au-dessus de la mer Égée et contre des mosquées à Istanbul afin de créer un chaos favorable à la prise du pouvoir. Le programme prévoyait l'arrestation de milliers d'opposants et d'intellectuels. Les militaires inculpés se défendirent en affirmant que c'était un scénario élaboré en vue d'un exercice militaire inoffensif. Ils ne convainquirent personne.

Le procès *Ergenekon* fut apparemment complexe. Il impliquait non seulement l'armée, mais aussi le JITEM (le service de renseignement et antiterroriste de la gendarmerie, accusé de la disparition de nombreux Kurdes dans les années 90), la police, l'extrême droite, l'extrême gauche, les mafias… Mais ce bric-à-brac était une couverture masquant le véritable objectif du procès *Ergenekon* : la mise à genoux de l'armée kémaliste, fût-ce au prix de preuves trafiquées. Il offrit à Erdogan une revanche éclatante sur la bête noire des islamistes turcs. Le journal *Taraf*, qui avait révélé les documents du projet *Balyoz*, avait rendu service au Premier ministre. Sa rédactrice en chef adjointe, Yasmin Congar, écrivit qu'en arrêtant les officiers compromis dans *Balyoz*, « *la Turquie a fait son plus grand pas pour se débarrasser d'un régime semi-militaire sous lequel les coups d'État n'ont jamais été traités comme des crimes.* »

L'Occident, auxiliaire zélé des Frères musulmans

Erdogan s'était senti suffisamment fort pour se lancer dans ce combat judiciaire contre l'armée kémaliste. Non seulement il bénéficiait d'une excellente assise électorale, mais aussi il savait pouvoir compter sur le soutien des Européens et surtout des Américains. L'armée turque ne pouvait se soustraire aux volontés de Washington, qui continuait à soutenir les islamo-conservateurs. Une fois de plus Erdogan avait pris ses risques, il avait bien analysé les rapports de force et remporté la partie. La Turquie avait franchi une nouvelle étape dans le processus de démilitarisation de la vie politique. Le kémalisme était dans les cordes.

L'Europe comprit-elle qu'en incarcérant les officiers supérieurs kémalistes le procès, *Ergenekon*, représentait une étape décisive dans la course d'Erdogan vers la dictature ? Pas du tout. Le 2 mars 2009, le Parlement européen vota une résolution accueillant favorablement l'ouverture du procès *Ergenekon*. Le texte exhortait seulement les autorités turques à « *garantir un procès équitable* » aux prévenus et à « *respecter strictement les principes de l'État de droit.* » Benoîte et naïve Union européenne, toujours égale à elle-même…

En cette fin des années 2000, les Occidentaux atteignaient au paroxysme de l'absurdité. Ils continuaient, au nom des valeurs démocratiques, à paralyser l'armée turque défenseuse de la laïcité (même tronquée) au profit d'un gouvernement promoteur de moins en moins masqué de valeurs contraires à celles de l'Occident. Celles des Frères musulmans.

Municipales de mars 2009 : l'AKP tint le choc

Avec 39 % des voix, l'AKP était en deçà des prévisions d'Erdogan. En effet, le Premier ministre avait imprudemment assuré, dans une interview ayant précédé le scrutin, que son parti essuierait un échec s'il obtenait moins de 47 % des voix, son score aux législatives de 2007. Le Premier ministre s'était lui-même fortement impliqué dans la campagne électorale en sillonnant le pays dans tous les sens pendant plusieurs semaines. L'AKP était suivi par le Parti républicain du peuple (CHP), kémaliste, avec 23,3 % des suffrages, qui restait majoritaire dans l'ouest du pays. L'opposition avait progressé à Istanbul et Ankara sans toutefois remporter la victoire. Les ultranationalistes du Parti d'action nationale (MHP) obtinrent 16,1 % des voix.

À vrai dire, l'AKP ne s'en sortait pas mal du tout. La crise mondiale frappait l'économie turque, provoquant un chômage record. Le parti tint le choc. Dans ce contexte économique, ses résultats auraient pu être bien pires. Son bouclier : il était le garant de la stabilité politique de la Turquie.

L'AKP largement victorieux aux législatives de 2011

Le 12 juin 2011 eurent lieu les élections législatives, quatre ans après celles de 2007 : le référendum constitutionnel de cette année-là avait ramené la durée d'une législature de 5 à 4 ans. Les électeurs sanctionnèrent-ils l'AKP après la dramaturgie du procès Ergenekon qui envoya en prison des cohortes de militaires kémalistes ? Non. L'AKP remporta 327 des 555 sièges de la Grande Assemblée nationale, un peu moins que les 341 de 2007, mais avec 49,83 % des voix (3,2 % de plus qu'en 2007). Le Parti républicain du peuple (CHP) obtint 135 élus (23 de plus) avec 25,98 % des voix (5,1 % de plus). Le Parti d'action nationaliste (MHP) eut 53 élus (18 de moins) et 13,01 % des voix (moins 1,3 %). Les autres partis furent laminés. Sauf les « *Indépendants* », la plupart étant des représentants de la communauté kurde, avec 35 sièges.

Cette percée kurde fut un événement. Les « Indépendants » émanaient du Parti de la paix et de la démocratie

(*Bari Ve Demokrasi Partisi*, BDP), formation créée en 2008 qui serait dissoute en 2014. Le BDP militait pour une résolution de la question kurde au moyen du dialogue, les droits des femmes, l'écologie et la démocratie. Le BDP connaîtra son heure de gloire en 2013 en servant d'intermédiaire dans des négociations entre le gouvernement et le PKK. En juillet 2014, le BDP disparaîtra au profit du parti démocratique des régions (DBP) représenté au Parlement par le Parti démocratique des peuples (HDP).

Durant la campagne électorale, le CHP, représentant l'opposition laïque de gauche, s'était évertué à dénoncer «*l'islamisation du pays*» et la mise en danger de la laïcité inscrite dans la constitution ainsi que le droit des femmes et des minorités. Il s'était opposé au projet de réforme constitutionnelle visant à transformer le régime parlementaire en régime présidentiel. Tout cela n'avait guère rencontré d'écho dans l'opinion publique. Le CHP avait seulement amélioré un peu son score par rapport aux législatives de 2007. La victimisation de l'armée par le procès Ergenekon n'avait pas bouleversé la donne.

Le grand gagnant de ce scrutin, c'était l'AKP. Avec près de 50 % des suffrages exprimés (la première fois depuis 1965), le parti d'Erdogan remportait un troisième mandat consécutif.

La situation économique avait pesé lourd dans le scrutin. L'AKP avait fait valoir un excellent bilan économique depuis 2002: croissance de 8,9 % en 2010, inflation maîtrisée (4 % de mars 2010 à mars 2011) et chômage en baisse (9,1 % en février 2011). L'économie turque s'était vite remise de la crise mondiale de 2008-2009. Les finances publiques s'étaient même améliorées. Le tissu des petites et moyennes entreprises anatoliennes s'était montré très réactif. Et ce rebond avait été facilité par les politiques libérales d'allègements fiscaux conduites par l'AKP depuis 2002.

Toutefois, Erdogan n'était pas entièrement satisfait. Les 49,8 % des voix et les 327 députés dévolus à l'AKP n'atteignaient pas le quorum des trois cinquièmes requis pour engager une réforme constitutionnelle. Il ambitionnait de présidentialiser le régime en supprimant le poste de Premier ministre et en faisant élire le président de la République au suffrage universel et non plus par le Parlement. Pour l'heure, il entamait son troisième mandat de Premier ministre. Ce serait le dernier, selon les statuts de l'AKP.

Chapitre II

Divorce entre Erdogan et la confrérie Gülen

La confrérie Gülen aida puissamment Erdogan à accéder au pouvoir et à décapiter la direction kémaliste de l'armée. Mais à la fin des années quatre-vingt, elle rompit cette alliance à cause de la dérive autoritaire et prévaricatrice du Premier ministre. En réaction, il mit l'imam Gülen hors-la-loi et disloqua son réseau en Turquie.

Lune de miel Erdogan-Gühlen

Au fond de la Pennsylvanie, dans une bourgade de mille habitants, réside un imam de 79 ans à la frêle silhouette. Il occupe une demeure tapie dans une épaisse forêt. La propriété, qui occupe une grande surface, est une forteresse surveillée jour et nuit par des gardes et des caméras. La discrétion absolue est de mise : aucun panneau n'indique le numéro de la rue ni qui vit en ces lieux. Le portail ne s'ouvre que pour les proches et de rares visiteurs qui témoignent le plus grand respect au maître des lieux. Sa vêture est sobre. Toute sa personne respire la modestie. Il n'utilise qu'une chambre et un bureau et ne sort que pour ses rendez-vous médicaux. De ce refuge américain, le vieil homme aux cheveux blancs et à la moustache fournie pilote depuis 1999 (date de son exil pour cause d'islamisme) une des plus importantes confréries religieuses turques. Elle porte son nom : la confrérie Gülen. C'est lui, Fetullah Gülen, qui l'a fondée en 1970. On l'appelle aussi Hizmet, qui veut dire « service » en turc, service au profit du bien commun.

Il est un autre personnage qui doit beaucoup à Gülen : c'est Erdogan. Son style de vie est aux antipodes de celui du vieux prédicateur. Il réside à Ankara dans un luxueux palais de mille chambres et il est entouré des trompettes de la Renommée.

Issu d'une famille paysanne très modeste d'Anatolie, Gülen est un intellectuel de haut vol, qui enseigne directement et par voie d'enregistrements audio et vidéo, une version de l'islam fondée sur les enseignements du musulman Saïd Nursî (1878-1960). Ce maître très influent disait : « *Le meilleur moyen de servir Dieu est de se spécialiser dans une science naturelle. L'activité scientifique est la meilleure pratique religieuse, car l'avancement scientifique élargit notre savoir en Dieu* ».

Cette profession de foi de Nursî guide l'action de Gülen, qui répète dans ses sermons : « *Étudier la physique, les mathématiques et la chimie signifie adorer Dieu* ». À partir des années 80, dites les « années Ozäl », il a développé un immense réseau d'établissements d'enseignement privé de haute qualité, depuis le primaire jusqu'à l'université. Avec notamment des cours de soutien très appréciés des candidats aux concours universitaires. La toile d'araignée Gülen de l'enseignement franchit rapidement les frontières de la Turquie pour se déployer en Asie centrale turcophone, en Europe, aux États-Unis, en Afrique. Les gülénistes ont bâti plus de 1 000 écoles dans 150 pays et dirigent une constellation d'associations. À partir des années 70, Izmet a joué un rôle central dans le développement du « *soft power* » turc à l'étranger. Naguère la confrérie Izmet a contrôlé une collection de médias parmi les plus importants de Turquie, et d'importantes maisons d'édition.

Tout cela constitue le levier d'une énorme influence. Au point que les médias anglo-saxons ont pris l'habitude de dépeindre Gülen comme « *l'une des personnalités musulmanes les plus importantes au monde* ». Et cet empire est une formidable machine à cash. Les experts évaluent ses ressources à 50 milliards de dollars. Ce capital vient non seulement des immenses bénéfices tirés de ses activités commerciales, mais aussi d'une règle analogue à celle en vigueur chez les mormons : tout sympathisant d'Izmet doit consacrer du temps et de l'argent à la confrérie, du plus modeste au plus riche, de l'étudiant et de la mère de famille à l'homme d'affaires fortuné.

L'argent entre en continu dans les caisses de la confrérie.

Le savoir, le travail, la religion sont trois éléments-clés de la doctrine Gülen. Celle-ci ne récuse pas l'enrichissement personnel s'il est obtenu dans le respect de ces préceptes. Cette doctrine rapproche le gülénisme du calvinisme. Et aussi de l'alévisme bektari, d'autant qu'à l'instar de ce dernier elle préconise elle aussi le dialogue interconfessionnel et la démocratie. De fait, Gülen multiplie les rencontres avec des représentants de différentes religions. Une des plus retentissantes fut son entrevue avec le pape Jean-Paul II. Toutefois la doctrine güléniste reste empreinte de nationalisme turc pur et dur. C'est pourquoi Gülen s'est toujours opposé à l'irrédentisme des Kurdes de Turquie.

Si l'AKP, cofondé par Erdogan, put remporter les législatives de 2002, c'est en partie grâce au puissant renfort d'Hizmet. Même si Gülen ne soutint jamais officiellement de candidat politique, il n'en reste pas moins vrai qu'Izmet réalisa un gros travail de terrain en faveur de l'AKP. Les prises de position de ce dernier en faveur de la démocratie et de l'adhésion de la Turquie à l'UE rencontraient son agrément.

Une fois l'AKP au pouvoir, la confrérie lui conserva son appui tout au long des années 2000. Durant cette période elle infiltra méthodiquement ses partisans dans l'appareil d'État avec la complicité d'Erdogan. Son rôle prépondérant de formatrice des élites turques depuis les années 70 lui procurait un vivier de compétences pour islamiser les services publics. Notamment la police et la magistrature. Certains gülenistes ne se privaient pas d'employer des méthodes contraires aux préceptes d'honnêteté de leur maître à penser. Par exemple de faire connaître à « leurs » candidats aux concours de la fonction publique les sujets à l'avance, ce qui leur donnait un gros avantage pour être reçus. Aux yeux de ces responsables académiques, la fin (islamiser l'armée et l'État) justifiait les moyens. Cela convenait parfaitement à Erdogan.

Cette infiltration güléniste permit au Premier ministre de lancer l'appareil judiciaire et policier contre l'armée pour en décapiter la direction kémaliste. Ce fut le retentissant procès Ergenekon qui envoya derrière les barreaux une noria d'officiers supérieurs nostalgiques d'Atatürk. Là encore, les gülénistes firent preuve de machiavélisme. Par exemple, des magistrats d'Izmet utilisèrent en connaissance de cause des preuves fabriquées contre les militaires.

Ainsi, non seulement Izmet, la confrérie de Gülen, joua un rôle déterminant pour l'accession d'Erdogan au pouvoir, mais aussi pour sa marche vers la dictature. Réislamiser au maximum les institutions et la société turques était leur objectif commun. Tant qu'il fut question de réduire à l'impuissance politique l'armée, gardienne de la laïcité, les entorses aux principes démocratiques ne gênèrent pas Izmet.

Première dissension entre Erdogan et Gülen

31 mai 2010. Six des 8 navires de la « flottille de Gaza » fendaient les eaux bleues de la Méditerranée orientale. À bord, 700 passagers, des matériaux de construction, des équipements d'aide humanitaire. Objectif : forcer le blocus israélien bloquant l'accès de la Bande de Gaza. Les navires étaient encore en haute mer quand surgirent au raz des flots des hélicoptères frappés de la cocarde à l'étoile de David. Ils sommèrent par haut-parleurs la flottille de faire demi-tour. Refus d'obtempérer. Des commandos débarquèrent sur le pont du Mavi Marmara. Des défenseurs armés tirèrent sur les Israéliens. Échange de coups de feu. Bilan : 9 morts et 28 blessés parmi les hommes du Marmara et 10 blessés parmi les soldats israéliens. En réalité, cette tentative de forçage du blocus avait été pilotée par les services secrets turcs au travers d'ONG. Les 581 passagers du Mavi Marmara étaient turcs en grande majorité. Certains d'entre eux savaient très bien se battre au fusil d'assaut. C'est bizarre pour de doux humanitaires…

Cet accroc dans les relations turco-israéliennes faisait suite à celui du Forum de Davos le 29 janvier 2009. Au cours d'un débat sur Gaza, le Premier ministre turc avait piqué une colère noire et avait quitté la salle en promettant de ne plus remettre les pieds au Forum. Motif : le modérateur de cette session publique l'avait empêché de s'exprimer parce que c'était l'heure du dîner alors que le Président israélien Shimon Pérez venait de finir un discours de 20 minutes. En réalité, Erdogan réagissait à l'opération « Plomb durci » déclenchée par l'aviation israélienne sur Gaza : des bombardements répondant aux énièmes tirs de roquettes de militants palestiniens sur le territoire de l'État hébreu. Le Premier ministre turc avait commenté en ces termes le discours du président israélien expliquant les raisons de ce bombardement : « *Vous devez vous sentir coupable pour parler de la sorte. Vous savez tuer les gens ! Vous savez très bien tuer les enfants sur les plages de Gaza !* » Erdogan entendait ainsi s'ériger en champion du monde arabo-musulman face à Israël. L'alliance israélo-turque n'y résista pas. Au grand dam de l'imam Fetullah Gülen, fervent partisan du maintien de cette alliance. Le sabotage de celle-ci par Erdogan l'a fortement indisposé.

La question kurde fut une autre pomme de discorde entre Gülen et Erdogan. Arrivé au pouvoir en 2002, l'AKP avait privilégié l'apaisement avec les Kurdes de Turquie, prenant à contrepied les autres partis nationalistes turcs adeptes d'un centralisme jacobin sans concessions. En fait, l'AKP jouait de la sorte la carté électorale de la solidarité religieuse entre les Turcs et ceux des nombreux Kurdes de Turquie qui rejetaient le PKK pour son athéisme marxiste.

Mais, face à la guérilla menée par le PKK, Erdogan se résolut à entreprendre des négociations avec cette organisation irréligieuse et qualifiée de « *terroriste* ». De 2009 à 2011 eut lieu un premier round avec Abdullah Öcalan, le chef charismatique du PKK, au prestige écorné toutefois. Certains cadres de son parti l'accusaient de « *trahison* » : après son arrestation, en 1999, il avait appelé la guérilla à se rendre aux autorités turques ou à se replier de l'autre côté de la frontière. Ce premier round fut un échec. Fin 2012, un second round conduirait à un nouvel échec, avant qu'Erdogan, en 2014, ne déclenchât les foudres de la répression sur le PKK.

Mais en attendant, ses tentatives de négociation avec le PKK avaient enfoncé un nouveau coin dans ses relations avec l'imam Gülen. En effet, ce dernier est un chaud partisan de l'État jacobin, centralisateur, hostile aux velléités kurdes autonomistes, et *a fortiori* indépendantistes. En cela, il rejoint tout à fait le kémalisme. Le PKK rêvait d'un Kurdistan kurde doté d'une véritable autonomie, comme celle du Kurdistan irakien, avec un drapeau et un gouvernement pourvu d'une réelle autorité. Pour Gülen, c'était hors de question.

Soutien de Gülen au « Printemps turc »

Ce qui fut comparé aux printemps arabes avait démarré petitement le 28 mai 2013 par un *sit-in* d'une cinquantaine de riverains du parc Gezi qui protestaient contre la destruction programmée de l'un des derniers espaces verts du centre d'Istanbul. Le projet de remplacement consistait en la piétonnisation de la place Taksim et la reconstruction de la caserne du même nom, un bâtiment historique détruit en 1940. Cette nouvelle construction était destinée à être un centre commercial. Le projet immobilier de la place Taksim devait s'accompagner de la disparition du parc Gezi, espace vert dévolu à la promenade très prisé des Stambouliotes dans une ville qui en est de moins en moins pourvue.

À la suite d'une violente répression policière, la colère se propagea dans le pays. Des milliers de protestataires affluèrent de partout à Taksim et des manifestations se multiplièrent dans les grandes villes et même dans des pays étrangers ayant d'importantes communautés turques. Se mêlaient les artisans de droite et de gauche, les nationalistes turcs et les Kurdes, très mobilisés eux aussi, des féministes et des LGBT. Les revendications environnementales locales s'élargissaient à des questions de mœurs comme l'interdiction des baisers publics dans les transports en commun ou les limitations de la vente d'alcool.

Erdoganisme immobilier

C'était la Turquie libertaire qui se levait contre l'islamisation et la bétonisation. Les deux vont de pair sous Erdogan. Il en est résulté un saccage du vieil Istanbul par des réalisations immobilières souvent gigantesques sur fond de corruption débridée. Erdogan s'attachait ainsi les services d'un petit groupe de promoteurs immobiliers qui accumulait d'immenses fortunes tout en satisfaisant la mégalomanie architecturale du Premier ministre. C'est l'erdoganisme immobilier.

En effet, Erdogan est pris d'une frénésie immobilière où la folie des grandeurs le dispute à la spéculation financière. Il multiplie les gratte-ciel, les ensembles résidentiels de luxe, les autoroutes, les tunnels, les ponts… Le 6 mars 2016, Erdogan, devenu président, inaugura le troisième pont du Bosphore, portant le nom du Sultan Selim 1er (1470-1520) dit « *le brave* » ou « *le terrible* » au grand dam des alévis turcs : ce Sultan extermina leurs ancêtres en grand nombre. Cet ouvrage d'art est gigantesque : un tablier haubané de 1 408 mètres de long et de 58,50 mètres de large, des pylônes de 322 mètres de hauteur…

Le 6 août 2019, le troisième aéroport d'Istanbul, annoncé comme « *le plus grand du monde* », est devenu opérationnel. Ajouté au pont Selim Ier et au réseau autoroutier le desservant, l'aéroport géant a dévoré 7 500 hectares de bois et de prairies. C'était la dernière zone verte de la ville et une importance source d'eau. Une catastrophe écologique de plus.

Mais il y a dans les cartons un autre projet pharaonique : le percement d'un canal de 40 kilomètres à travers la partie européenne d'Istanbul afin de joindre la Mer noire à la mer de Marmara et d'absorber une partie du trafic maritime empruntant le détroit du Bosphore. La construction de deux grandes villes nouvelles est programmée autour du canal.

L'erdoganisme immobilier brasse des sommes énormes. Erdogan s'arrange pour qu'un cercle de promoteurs immobiliers obtienne ces marchés juteux. En échange, ces *happy few* versent de substantielles rétrocommissions, sinon à lui du moins à sa famille, ses amis et ses soutiens politiques.

Répression sanglante des manifestations

Le pouvoir se lança dans une surenchère répressive contre les manifestants, très hostiles au Premier ministre et au gouvernement dont ils exigeaient la démission. À Istanbul et Ankara, plus d'un millier de protestataires furent blessés, certains ayant perdu la vue ou reçu de graves blessures à la tête. La police faisait un large usage des canons à eau et des tirs à courte portée de balles en plastique et de grenades lacrymogènes. Ces manifestations durèrent six mois. Malgré leur ampleur, Erdogan réaffirma sans aucune hésitation sa volonté de poursuivre le plan d'urbanisation d'Istanbul. Dans cette affaire, il estimait représenter le peuple contre les bobos.

Lâchage d'Erdogan par Gülen

Ces événements furent les plus graves qu'Erdogan eût à affronter depuis son arrivée au pouvoir. Gülen ne le soutint pas dans ces moments critiques. En effet, indignée par les violences policières et la surdité du régime, Izmet prit fait et cause pour les manifestants. La dérive autoritaire d'Erdogan lui semblait avoir dépassé les bornes. Si Fetullah Gülen avait soutenu l'autoritarisme d'Erdogan contre l'armée kémaliste dans le procès Ergenekon, il ne toléra pas qu'une répression violente s'abattît sur le peuple révolté de Gezi. Et l'affairisme immobilier du régime, qui avait été le facteur déclenchant des émeutes, lui répugnait. Non pas qu'il fût hostile à l'argent. Sa confrérie en gagnait beaucoup. Mais il détestait la corruption et le saccage.

La prise de distance d'Izmet vis-à-vis d'Erdogan à l'occasion des émeutes de Gezi le persuada que la confrérie güléniste était devenue un État dans l'État ayant désormais vocation à se mettre en travers de sa route. Le retour de bâton ne tarda pas. En novembre 2013, fut décrétée la fermeture des écoles préparatoires à l'entrée à l'université. Celles de la confrérie Gülen étaient l'une de ses sources de profit les plus importantes. Cette mesure lui infligeait un grave préjudice.

Procès pour corruption contre le régime

L'AKP, le Parti de la justice et du développement cofondé par Erdogan, aimait à mettre en avant les deux premières lettres de son sigle, AK : en langue turque, ça veut dire « *blanc* », « *pur* », comme la « *propreté* » dont s'étaient vantés les islamo-conservateurs face à la corruption des partis traditionnels lors des législatives de 2002 et des élections suivantes. Erdogan lui-même avait prétendu incarner la vertu de l'homme pieux, incorruptible, combattant ascétique entièrement dévoué à la Turquie et à l'islam. Un guerrier de la Nation et de la Foi.

Et voilà qu'en ce mois de décembre 2013, le sigle AK déclenchait un énorme éclat de rire sur les réseaux sociaux. Le plus vaste scandale politico-financier mis au jour en Turquie venait d'éclater.

Le 17 décembre, la police lança une vague d'arrestations contre des hommes d'affaires et politiciens proches du Premier ministre. Les ministres de l'Intérieur, de l'Économie, de l'Urbanisme et des Affaires européennes étaient accusés de corruption massive dans des marchés immobiliers en plein boom et dans des transactions financières illégales avec l'Iran. Les procureurs demandaient la levée de leur immunité. Des fils de ministres et des hommes d'affaires proches d'Erdogan furent arrêtés. Des dizaines d'interpellations eurent lieu.

L'humour des internautes turcs se déchaîna de plus belle. En effet, la police découvrit 4,5 millions de dollars entassés dans des boîtes à chaussure lors d'une perquisition chez Süleyman Aslan, le directeur de la banque publique Halbank, arrêté aussitôt. Du coup, l'acronyme complet AKP devenait, en langue turque, « *le parti de la boîte à chaussure* ». Les inculpations pleuvaient sur la classe politique et financière, et sur l'encadrement de l'AKP. Toute la galaxie Erdogan était touchée. L'ivresse du pouvoir, l'*ubris* (démesure en grec ancien), avait enivré les islamo-conservateurs après qu'ils eussent remporté une série de trois élections législatives depuis 2002. Ils s'étaient crus intouchables.

Erdogan lui-même fut compromis par la divulgation d'une conversation téléphonique placée sur écoute où il enjoignait son fils aîné, Bilal, de déménager en vitesse 30 millions d'euros cachés dans son appartement, en pleine vague de perquisitions policières. L'enregistrement circulait tellement sur les réseaux sociaux, après tant d'autres concernant les pressions du Premier ministre sur les médias, que son cabinet fut obligé d'apporter un démenti officiel : « *Ces enregistrements* [...] *sont le produit d'un chantage immoral et totalement faux. Ceux qui sont à l'origine de ce sale montage visant le Premier ministre de la République auront à en répondre devant la justice.* » Vrai ou faux ? En tout cas, l'ambiance était chaude.

Purges anti-gülénistes dans l'appareil d'État

Les prochaines municipales étaient prévues pour mars 2014 et l'élection présidentielle en août de la même année. Il y avait péril en la demeure. Erdogan ne resta pas les bras ballants. Avec son lyrisme habituel, il désigna à Konia devant 10 000 supporteurs les véritables responsables de ce cataclysme judiciaire : des « *forces obscures* » qui « *menacent la Nation* ». Il s'agissait d'Izmet, la confrérie de Fetullah Gülen. Ses adeptes avaient infiltré la justice et la police avec l'assentiment d'Erdogan. Ils y tenaient les postes clés. Mais désormais ils retournaient contre lui la puissance de ces institutions. Il était devenu leur ennemi juré.

Erdogan déclencha des purges massives dans la police, faisant arrêter des dizaines d'officiers, dont le puissant chef de la police d'Istanbul lui-même. Il fit voter des lois intensifiant le contrôle de l'Internet renforçant l'emprise du pouvoir sur la justice et élargissant les pouvoirs du MIT, le service de renseignement. Erdogan réagissait à cette vague d'assaut judiciaire des gülénistes par une accélération de sa dérive autoritaire. Il mettait en place les instruments de la dictature en ne cherchant plus du tout à préserver les apparences démocratiques. L'intégration de la Turquie à l'Union européenne n'était plus dans ses préoccupations. D'abord parce qu'il avait compris que les peuples européens n'en voulaient pas et que leurs élites politiques étaient finalement obligées de tenir compte de leur refus, certes à contrecœur, sous peine de graves revers électoraux. Ensuite parce qu'il estimait, après la purge d'Ergenekon, que l'armée était définitivement réduite au silence. Mais aujourd'hui, ce n'étaient plus les militaires kémalistes qui se dressaient contre lui. C'étaient les gülénistes, ses précieux alliés de la veille.

Gülen hors-la-loi

Gülen prenait conscience qu'il avait contribué à l'accouchement d'un monstre politique. Mais il était trop tard. Prenant sa revanche sur le déclenchement des procès de corruption par les juges güllénistes, dernier avatar de l'opposition grandissante d'Izmet à sa politique, Erdogan procéda au démantèlement de son réseau sur le territoire turc. Des milliers de ses membres prirent le chemin de l'exil, principalement vers l'Occident…

Ce dernier et Gülen avaient travaillé dans la même direction : ouvrir la route au despotisme d'Erdogan en muselant l'armée turque. L'un et l'autre n'avaient pas compris ce qu'ils faisaient. Confite en bons sentiments droits-de-l'hommistes et démocratiques, l'UE fit preuve d'une naïveté exceptionnelle. Les arrière-pensées américaines étaient plus troubles.

Erdogan avait joué sa partie avec un machiavélisme remarquable. Il venait d'éradiquer ce qui était devenu à ses yeux un État dans l'État, menaçant à terme son pouvoir et ses ambitions satrapiques. Il ne fut pas question de gratitude pour l'aide que lui avait apportée la confrérie güléniste dans la conquête du pouvoir et la répression anti-kémaliste. La froide raison l'avait emporté sur toute autre considération. D'ailleurs si, malgré leur rupture, Erdogan a conservé un attachement certain pour son vieux maître Erbakan, islamiste authentique, il n'éprouve pas le même sentiment pour Fetullah Gülen, allié de circonstance aux convictions religieuses frelatées parti dès 1999 se réfugier aux États-Unis, dans cet Occident haïssable. Les deux hommes s'étaient alliés pour un intérêt stratégique commun, mais ils n'avaient jamais éprouvé de profonde sympathie l'un pour l'autre.

Victoire de l'AKP aux municipales de mars 2014

Erdogan entendit faire des élections municipales du 30 mars 2014 un arbitrage populaire dans le différend l'opposant aux défenseurs de la place Gezi et à Izmet. Il réussit son coup. Avec 45 % des voix, l'AKP était certes en recul par rapport aux législatives de 2011 (50 % de voix), mais faisait beaucoup mieux qu'aux municipales de 2009 (38 %).

L'AKP pérennisait des positions de force dans le plateau anatolien et les grandes métropoles. Le Parti républicain du peuple (CHP), de la gauche kémaliste, avec 28,3 % des suffrages, conservait des places-fortes sur le pourtour de la mer Égée et de la Thrace. Le Parti d'action nationaliste (MHP) consolidait ses positions en Asie centrale.

Finalement, l'AKP ne pâtit pas du bras de fer d'Erdogan avec le vaste mouvement de révolte parti de la place Gezi. Le parti islamo-conservateur avait conservé l'appui des classes populaires religieuses, et des patrons des petites et moyennes entreprises. Ces catégories étaient restées insensibles aux revendications écologistes et sociétales de ce « Mai 68 turc ». Seuls comptaient l'islam et l'économie. Cette dernière continuait à bien se porter. L'année 2013 avait connu une croissance de 4 %, dépassant même les objectifs du gouvernement qui avaient été annoncés à 3,6 %. Ni la rébellion de Gezi, ni le scandale des affaires de corruption n'étaient parvenus à détrôner Erdogan.

Erdogan plébiscité à l'élection présidentielle de 2014

Dans la foulée des municipales de mars 2014, se tint le 10 août de cette même année l'élection présidentielle. Erdogan avait renoncé à se présenter à la précédente, en

2007, sur les injonctions de l'armée. Il avait obtempéré, jugeant les militaires kémalistes encore trop dangereux pour lui. C'était avant leur épuration par le procès Ergenekon. Il avait envoyé son fidèle Abdullah Gül, plus rassurant, se faire élire président de la République par le Parlement. Ce fut le premier président islamiste de la République laïque fondée par Atatürk en 1923.

Mais en 2014, avec tous ces officiers supérieurs kémalistes réduits à l'impuissance derrière les barreaux, il n'était plus question pour Erdogan de renoncer à se porter candidat à l'élection présidentielle. D'autant que le référendum de 2007 sur la réforme constitutionnelle avait institué l'élection du président de la République au suffrage universel direct en remplacement du vote par la Grande Assemblée nationale. Erdogan voyait dans cette élection l'occasion de se faire plébisciter. Cet optimisme avait été conforté par les bons résultats de l'AKP aux élections municipales de mars.

Erdogan ne s'était pas trompé. Il triompha dès le premier tour avec près de 52 % des voix. Loin devant Ekmeleddin Ihsanoglu, candidat commun du Parti d'action nationaliste (MHP) dont il était membre et du Parti républicain du peuple (CHP), qui ne récolta que 38,44 % des voix. Quant au troisième candidat, le Kurde Selahattin Demirtas, du Parti démocratique des peuples (*Halkalazim Democratik Partisi* (HDP) créé en 2013 dans la continuité du mouvement protestataire du parc Gezi, il ne remporta que 9,76 % des suffrages. Décidément, le « Mai 68 » turc ne faisait pas recette électoralement dans la Turquie profonde.

Erdogan devenait le premier président de la République turque élu au suffrage universel direct. Il se fit remplacer au poste de Premier ministre par le ministre des Affaires étrangères, Ahmed Davutoglu, député de l'AKP depuis 2011 et conseiller diplomatique.

Chapitre III

Guerre civile avec le PKK

L'AKP ayant été mis en minorité aux législatives de juin 2015, Erdogan attisa un conflit militaire avec le PKK sur le sol turc afin d'apeurer l'opinion et d'apparaître comme l'homme fort garantissant la stabilité politique. Pari réussi : des élections anticipées rendirent à l'AKP la majorité absolue.

L'AKP en minorité aux législatives de juin 2015

Une fois élu président de la République, Erdogan poursuivit son but : la réforme constitutionnelle visant à présidentialiser le régime. Pour l'atteindre, il faudra passer sous les fourches caudines des élections législatives prévues pour juin 2015, auxquelles l'AKP devra obtenir le quorum des trois cinquièmes requis pour faire passer la réforme.

La campagne électorale se déroula sous de mauvais auspices pour l'AKP. Le contexte économique s'était retourné : croissance en baisse, chômage et endettement des particuliers en hausse. Finies les vaches grasses qui avaient enchanté l'aventure politique de l'AKP depuis son accession au pouvoir en 2002.

À ces difficultés économiques s'ajoutait un climat de violence perturbant la campagne. Le 8 mai, deux permanences du Parti démocratique des peuples (HDP, pro-kurde) furent attaquées à la bombe, l'une à Mersin, l'autre à Adana (six blessés dans cette dernière localité). L'un des dirigeants de ce parti d'opposition, Selahattin Demirtas, accusa le pouvoir d'avoir organisé ces attentats aux fins d'intimidation. Toujours à Adana, le 25 mai, ce fut au tour du Parti républicain du peuple (CHP), gauche kémaliste, d'être visé en la personne d'une de ses candidates, une avocate, blessée dans une attaque à main armée. Le 5 juin, l'opposition kurde fut à nouveau visée. Deux explosions secouèrent Diyarbakir, avec cette fois-ci un bilan très lourd : deux morts et 130 blessés dont 25 gravement atteints.

Le 29 mai, le journal d'opposition Cumhuriyet jeta un pavé dans la mare. Il publia les preuves (sous forme de photos et de vidéos) d'une livraison d'armes aux rebelles islamistes de Syrie dans des camions appartenant au MIT, le service de renseignements turc.

Cette campagne des législatives se déroulait dans une atmosphère chaotique.

Pour l'AKP, les résultats du scrutin du 7 juin 2015 eurent la même couleur sombre que la campagne électorale. Bien que, avec 40,87 % des suffrages, 258 sièges sur 550, le parti islamo-conservateur restât en tête, loin devant le Parti républicain du peuple (CHP) avec 24,95 % et 132 sièges, le Parti d'action nationaliste (MHP) avec 16,29 % des voix, 80 sièges, et le Parti démocratique des peuples (HDP), 13,12 % des voix et 80 sièges aussi. Concernant ce dernier, c'était la première fois qu'un parti kurde entrait au Parlement. L'événement était historique. Le succès du HDP avait contribué à écorner le score de l'AKP.

Erdogan était fou de colère : non seulement l'AKP était très en dessous des trois cinquièmes requis pour voter une réforme constitutionnelle, mais aussi il ne détenait même pas la majorité absolue. Le soir de l'élection, Erdogan ne se montra pas au balcon du Palais présidentiel pour l'allocution protocolaire qu'il lui incombait de prononcer. Il se contenta de publier un communiqué.

Après 13 ans de domination, l'AKP venait de perdre la majorité au Parlement. L'usure du pouvoir, dira-t-on. L'effet différé des scandales de corruption et de la révolte de Gezi si durement réprimée ? Sans doute le récent basculement de l'économie avait-il déterré des griefs enfouis sous les délices de la croissance. Tant que l'économie va bien, on pardonne beaucoup aux dirigeants. Quand elle se retourne, l'aigreur prend le dessus.

Le trou d'air électoral de l'AKP se répercuta immédiatement sur la Bourse turque qui chuta de près de 8 % tandis que la cotation de la livre turque descendit à son niveau le plus bas. Les investisseurs sanctionnaient brutalement ce qui leur semblait être la fin de la stabilité politique que la suprématie électorale de l'AKP avait préservée pendant 13 ans.

Que comptait faire Erdogan ? Accepter la situation ? Se résigner à laisser le pouvoir à un gouvernement de coalition pendant que lui inaugurerait les chrysanthèmes ? Ce n'était pas son genre.

Élections anticipées de novembre 2015

Ayant perdu sa majorité absolue, l'AKP devait former une coalition pour constituer un nouveau gouvernement dans les 45 jours suivant la proclamation des résultats au Journal officiel. Les groupes parlementaires de l'AKP et du

Parti d'action nationaliste (MHP) négocièrent beaucoup, sans réussir à s'entendre. En réalité, Erdogan lui-même fit échouer ces négociations. Il voulait la tenue d'élections législatives anticipées qui redonneraient à l'AKP les sièges nécessaires pour voter la réforme constitutionnelle en vue de présidentialiser le régime. Mais si de telles élections devaient reproduire les mêmes résultats que celles de juin, la carrière politique d'Erdogan serait finie. Tout donnait à penser que ce serait le cas. Son pari semblait hautement risqué. Au terme fixé par la Constitution, aucune coalition n'avait été mise sur pied. Le 21 août, Erdogan annonça la dissolution de l'Assemblée nationale et la tenue d'élections législatives anticipées au 1er novembre. Il franchissait le Rubicond.

Quelle stratégie Erdogan allait-il employer pour modifier radicalement la donne électorale ? Le jusqu'au-boutisme : semer la violence et la peur afin d'apparaître comme le seul recours contre le désordre et l'insécurité.

Le climat fut gravement détérioré dès le 20 juillet par l'attentat-suicide de Suruç, à proximité immédiate de la frontière turco-syrienne. Bilan : 33 décès dans la manifestation d'étudiants socialistes en faveur du soutien à la reconstruction de Kobané, en Syrie, reprise à l'État islamique (EI) par les combattants kurdes. L'attentat fut imputé à ce dernier. Mais on s'est interrogé sur la complicité des services turcs dans ce drame, étant donné que le gouvernement Erdogan soutenait Daech en sous-main. L'organisation djihadiste disposait étonnamment de 2 000 militants en Turquie alors que ce pays est l'un des plus quadrillés au monde par son très puissant service de renseignements.

Fin juillet 2015, le cessez-le-feu conclu en 2010 entre les forces armées gouvernementales et le Parti des travailleurs du Kurdistan (*Partiya Karkerên Kurdistan*, PKK, né en 1978) fut rompu. Certes l'aile radicale du PKK voulait en découdre avec le pouvoir central d'Ankara. Ce qui rencontrait l'agrément d'Erdogan : il voulait l'affrontement armé avec les Kurdes, lui qui dans le passé avait cherché l'apaisement avec eux.

L'armée reçut carte blanche. Elle lança les blindés et l'aviation à l'assaut des insurgés. Rapidement, le Kurdistan turc devint un théâtre d'opérations militaires. Dans plusieurs provinces du Sud-Est, les routes furent coupées. En septembre, la rébellion s'étendit à plusieurs villes, officiellement déclarées « *en situation insurrectionnelle* ». Les combats étaient principalement urbains. Au fil des décennies, les provinces kurdes s'étaient modernisées comme le reste de la Turquie. L'exode urbain avait vidé les campagnes. La majorité de la population vivait désormais en ville.

Les chars emplissaient les rues du vacarme de leurs chenilles et pulvérisaient des maisons au canon. Les chasseurs-bombardiers passaient au raz des toits dans le hurlement de leurs réacteurs. Les deux camps essuyèrent de lourdes pertes. L'aviation turque pilonnait aussi les combattants du PKK installés en Irak sur les monts Qandil, un massif montagneux du nord-est du pays à la frontière entre le Kurdistan irakien et le nord-ouest de l'Iran.

Parallèlement à ces opérations de l'armée (et de la gendarmerie lourdement équipée elle aussi), des activistes proches de l'AKP multiplièrent les actes de terrorisme. Ils incendièrent le siège d'un quotidien d'opposition libérale, *Hürriyet*. Ils attaquèrent près de 400 fois les locaux du Parti démocratique des peuples (HDP), cette formation politique kurde qui avait réussi à conquérir 80 sièges au Parlement lors des législatives de juin. Les exactions des nervis islamistes contre les Kurdes disséminés notamment dans les villes de l'Ouest prenaient des allures de pogrom.

Au point que le député HDP Ertugrul Kürkçü compara ces événements à la « *Nuit de cristal* », ces persécutions nazies antijuives perpétrées en Allemagne les 9 et 10 novembre 1938. Le 9 septembre, l'un des dirigeants du HDP, Selahattin Demirtas, déclara que la situation sécuritaire rendait impossible la tenue des élections, tout au moins dans certaines localités particulièrement touchées. L'UE elle-même sortit de sa réserve : l'Assemblée parlementaire du Conseil de l'Europe (APCE) a jugé la campagne « *entachée par l'iniquité et, dans une mesure inquiétante, par la peur* ».

Il était hors de question pour Erdogan de solliciter un report des législatives à des temps plus sereins. Au contraire, il comptait bien profiter de l'incendie qu'il attisait pour laisser libre cours à la fraude, à la non-ouverture de bureaux de vote en zones adverses « *pour cas de force majeure* », et à la peur qu'il jugeait bonne conseillère quand l'électeur glisserait son bulletin dans l'urne.

L'attentat le plus meurtrier de cette campagne fut celui du 10 octobre à Ankara. Plusieurs confédérations syndicales turques de gauche avaient organisé une manifestation de 10 000 personnes, soutenue par d'autres formations de gauche comme le Parti démocratique du peuple (HDP) pro-kurde et le Parti du travail (EMEP). Vers 10 heures, deux bombes explosèrent à quelques secondes d'intervalle, faisant une hécatombe : 128 morts, plus de 500 blessés. L'enquête conclut que Daech avait fait le coup. Mais, comme pour l'attentat de Suruç, des questionnements eurent lieu sur une éventuelle passivité des services de renseignement turcs qui auraient délibérément laissé faire les djihadistes. La justice lança une enquête à l'encontre du ministre de l'Intérieur Selami Altimok pour négligence dans l'attentat d'Ankara. Mais cette enquête, selon le quotidien Hürriyet, devait être validée par le gouvernement pour que les poursuites pénales fussent engagées contre les responsables coupables de négligence. On n'en a plus entendu parler…

La presse progouvernementale interpréta d'une autre façon le terrible attentat d'Ankara. Le quotidien Sabah écrivait en Une de son site, quelques heures après la double explosion : « *Comme à Diyarbakir* [le 5 juin], *Demirtas est en train de tirer profit des morts* ». Le sous-titre explicitait le propos : « *L'attentat de Diyarbakir avait donné deux points de plus au HDP.* » D'autres quotidiens à la solde du gouvernement soutinrent la même thèse. Ainsi, le journal Yeni Akit figura le logo du HDP, un olivier couronné de son feuillage dont le tronc est constitué de deux mains jointes, en remplaçant celles-ci par deux grenades. Le message était limpide : les militants pro-kurdes avaient été les instigateurs de l'attentat d'Ankara qui les avait visés, aux fins de victimisation dans le cadre de la campagne des législatives.

Dans cette campagne électorale, Erdogan faisait feu de tout bois. Le 9 octobre, sept chaînes de télévision ayant critiqué le régime furent interdites d'émettre. Le 26 octobre, la justice à ses ordres mit sous tutelle la holding Koza-Ipek en lui reprochant de « *faire de la propagande* » pour l'imam Fetullah Gülen. Deux jours plus tard, la police investit les locaux de deux médias du groupe, Bugün TV et Kanaltürk. La justice plaça de nouveaux administrateurs à leur tête.

Erdogan ne négligea pas les Turcs expatriés, qui représentaient 8 % du corps électoral et votaient pour l'AKP dans une proportion nettement plus élevée que leurs concitoyens restés dans la mère patrie. Déjà, en mai dernier, il avait tenu un meeting devant 15 000 personnes réunies au stade de foot d'Hasselt, ville néerlandophone de Belgique située en pays flamand. Devenu indésirable ailleurs, cette fois-ci il se produisit à Strasbourg devant

12 000 Turcs venus de France et des pays voisins. Conformément aux préceptes coraniques, hommes et femmes étaient séparés. Erdogan vomit sur les pays où résidait cette foule et plus généralement sur l'Europe, bien que la Turquie fût toujours officiellement candidate à l'entrée dans l'UE. Il exhorta son auditoire déchaîné à huer les nations européennes. Il dénonça le processus d'assimilation des immigrés turcs par les pays hôtes comme « *un crime contre l'humanité* ». Erdogan était venu sur notre sol éructer sa haine de l'Occident sans que cela fît scandale au gouvernement français et dans le reste de l'Europe. Afin de moissonner le maximum de suffrages des Turcs expatriés, l'AKP accompagnait ses appels à la haine de l'Occident d'avantages matériels comme la réduction des tarifs sur la Turkish Airlines ou de la somme à verser à l'État pour éviter le service militaire.

La stratégie d'Erdogan fut payante. L'AKP remporta 49,41 % des voix (317 sièges). Il était loin devant le Parti républicain des peuples (CHP) 25,38 % des voix (133 sièges), le Parti de l'action nationaliste (MHP) 11,98 % (59 sièges) et le Parti démocratique du peuple (HDP) 10,70 % (40 sièges, contre 80 en juin). L'AKP avait récupéré 2 millions d'électeurs du MHP. Et le parti pro-kurde s'était affaissé. Il avait pâti des actions guerrières du PKK qui inquiétèrent l'opinion publique. Celle-ci fut également angoissée par l'attentat d'Ankara : certains électeurs associèrent les Kurdes à la violence et au malheur.

L'AKP avait retrouvé la majorité absolue perdue en juin, gagnant 59 sièges au Parlement. Il pouvait compter sur un socle robuste de sunnites religieux. Et les classes moyennes avaient misé sur une stabilité politique dont l'AKP leur semblait le garant. Erdogan était remis en selle. Son calcul stratégique avait été excellent.

Chapitre IV

Le coup d'État manqué de 2016

En juillet 2016, un putsch militaire visant à renverser Erdogan échoua. Celui-ci profita de l'occasion pour neutraliser ses opposants de tout bord au prix d'une réduction supplémentaire des libertés publiques.

L'appel d'Erdogan au peuple

À Ankara et Istanbul, la nuit du 15 juillet 2016 fut mouvementée : fracas des F16 et des hélicoptères de combat volant au raz des toits, staccato de leurs canons, vrombissement des blindés bloquant les ponts du Bosphore et les rues. Sur la chaîne de télévision publique TRT, une présentatrice se réclamant de l'armée annonça qu'un couvre-feu et la loi martiale avaient été instaurés par le « Conseil de la paix dans le pays ». C'est le nom que s'était donné un groupe d'officiers putschistes affirmant réaliser ce coup d'État dans le but de « *restaurer la démocratie* ». Le chef d'État major et numéro un de l'armée était entre leurs mains. Ils avaient pris le contrôle de l'aéroport d'Istanbul.

Où était passé Erdogan ? Des rumeurs le disaient en fuite. Il aurait demandé l'asile politique à l'Allemagne.

C'était mal le connaître. Au cœur de la nuit se produisit un formidable coup de théâtre. Le Président était en train de s'adresser au peuple sur la chaîne de télévision CNN-Türk diffusée via l'application de visioconférence FaceTime. C'était du grand Erdogan. Il dénonçait le « *soulèvement d'une minorité au sein de l'armée* ». Il exhortait le peuple à descendre dans la rue pour s'opposer aux militaires rebelles. Toujours par FaceTime, l'ancien président Abdullah Gül appela, lui aussi, les Turcs à se porter au-devant des putschistes afin de les bloquer.

Instantanément des milliers de gens sortirent de chez eux. Les réseaux sociaux diffusèrent des scènes homériques d'hommes se mettant devant les chenilles des chars, gravissant leur blindage pour haranguer les équipages. On entendait des crépitements de mitrailleuses. Répondant à l'appel présidentiel, le peuple lui faisait un rempart de sa poitrine.

Revenu par avion d'un voyage en province, Erdogan tint une conférence de presse pour annoncer que le putsch était maté. Il promit des châtiments sévères aux coupables.

Un putsch aux caractéristiques étranges

Le 16 juillet, le chef par intérim des forces armées turques annonça les chiffres de ce putsch avorté. Il aurait impliqué 8 651 militaires, soit 1,5 % des effectifs, 35 avions, dont 24 avions de combat, 37 hélicoptères, 37 chars, 246 véhicules blindés et trois bâtiments de la marine. Au regard d'un tel déploiement de forces équipées de matériel lourd lancées sur des foules de civils non armés, on peut s'étonner de la modicité du nombre de morts, à savoir 290, putschistes inclus, selon un communiqué officiel. Des images ont bien montré des groupes de civils levant le poing contre les chars et se hissant sur les monstres d'acier pour haranguer leurs équipages. Mais on ne voyait aucun balayage à la mitrailleuse lourde abattant en quelques instants des centaines de manifestants. À croire que les rafales dont on entendait parfois le crépitement étaient tirées en l'air.

De même, les assauts de l'aviation sur des objectifs tels que le palais présidentiel d'Ankara ou le siège du Parlement firent étonnamment peu de dégâts. Et que dire de ce document filmé où l'on voit les visages décontractés, parfois amusés, de soldats soi-disant putschistes en rangs par quatre sur une longue colonne que des policiers emmenaient en détention. Ils semblaient croire qu'ils participaient à un simulacre de coup d'État militaire dans le cadre d'un entraînement. On était dans la séquence échec et incarcération du scénario. On partirait en perm ensuite. On se demande aussi pourquoi les putschistes ayant été tués au cours de l'action ont été inhumés dans des tombes anonymes et sans cérémonie religieuse. Cela rend difficile la vérification du nombre de morts dans les rangs des insurgés. Un nombre certainement très inférieur à celui communiqué par l'État major.

Autre invraisemblance : des F16 censés être pilotés par des putschistes entourèrent l'avion ramenant Erdogan en plein coup d'État sans le descendre, ce qui eût été vraiment facile. Pourquoi les officiers rebelles se contentèrent-ils d'arrêter seulement le chef d'État major au lieu des représentants du pouvoir civil, ce qui est élémentaire quand on fait un putsch ? Une telle impéritie laissa le temps à Erdogan de mobiliser ses partisans.

Certains analystes ont souligné l'amateurisme de cette tentative de coup d'État, ayant impliqué seulement la Première Armée. Mais n'y eut-il que cela ? Le procès Ergenekon avait-il privé l'armée de ses cadres compétents au point qu'elle fût devenue incapable de réussir un putsch ? L'hypothèse d'un faux coup d'État monté par Erdogan a été fréquemment évoquée. Il en avait besoin pour légitimer un durcissement de son régime face à une opposition qui commençait à prendre de l'importance. Il voulait finir de chasser les gülénistes du système judiciaire, intensifier la répression du parti kurde HDP, et développer une entente avec les députés nationalistes du MHP (extrême droite). Il comptait sur ces derniers pour fournir à l'AKP l'appoint nécessaire au déclenchement d'un référendum sur l'instauration d'un régime présidentiel en Turquie. Erdogan ne perdait cet objectif de vue à aucun moment. Rien ne devait interrompre sa course vers le pouvoir absolu. Il avait l'habitude de générer les événements favorables à ses projets quand il le jugeait nécessaire. En ce moment, les nombreux attentats de l'État islamique et des indépendantistes kurdes radicaux qui ensanglantaient la Turquie depuis 2015 ne lui suffisaient pas. Il lui fallait quelque chose de plus corsé pour subjuguer les masses et achever de cadenasser la Turquie.

Répression anti-güléniste

Le CHP voyait dans la tentative de putsch un coup monté par Erdogan. Fetullah Gülen aussi. Ankara demandait de façon répétée son extradition à Washington. La répression frappa ses partisans de l'armée. Leur infiltration, commencée à partir des années 80, s'était accélérée après l'arrivée de l'AKP au pouvoir. Ils étaient nombreux sous l'uniforme. Erdogan leur imputa la responsabilité du putsch. C'était peu vraisemblable. Les gülénistes étaient répandus dans l'ensemble de l'institution militaire. Mais alors, pourquoi le coup d'État se confina-t-il dans la Première Armée au lieu de s'étendre à l'ensemble de l'institution ? Du fond de sa retraite en Pennsylvanie, Gülen démentit catégoriquement les accusations d'Erdogan. Mais le président de la République n'en avait cure. Il saisissait l'occasion de poursuivre dans les rangs de l'armée une épuration antigüleniste déjà bien avancée dans les autres institutions de l'État. Les officiers partisans d'un axe eurasiatique Ankara-Moscou-Pékin remplaçaient les atlantistes mis au rancart. Cette évolution désagrégeait progressivement l'esprit « otanien » de l'armée.

Le 20 juillet 2016, le Conseil des ministres décréta un état d'urgence de trois mois, qui serait reconduit le 3 octobre. Le Vice-Premier ministre Numa Kuturlus prévint officiellement que, pendant l'état d'urgence, la Turquie dérogerait à la Convention européenne des droits de l'homme (CEDH) signée en 1953, en application de l'article 15 portant sur les dérogations, fort limitées, en cas de situation exceptionnelle. En réalité, l'article 15 fut allègrement violé.

Purges massives parachevant la dictature

Erdogan avait les mains libres pour intensifier l'épuration dans tous les secteurs. Des médias furent interdits. Des milliers de journalistes, de juges, de fonctionnaires, d'universitaires, de syndicalistes, d'intellectuels, d'artistes furent incarcérés. Au point que cela entraîna de sérieuses difficultés logistiques. Les prisons étaient complètement saturées. Le 17 août, on libéra de manière anticipée et conditionnelle 38 000 criminels de droit commun condamnés pour des faits antérieurs au 1er juillet. Toutefois ces mesures ne concernaient tout de même pas les prisonniers inculpés pour meurtres, actes de terrorisme, atteintes à la sûreté de l'État, violation de secrets d'État ou trafic de drogues. Tout cela ne dégageant pas un nombre de places suffisant, le gouvernement allégea les conditions requises pour obtenir une libération conditionnelle. Il suffisait désormais que le prisonnier ait purgé la moitié de sa peine et non plus les deux tiers. Il pouvait être libéré alors qu'il lui restait encore deux longues années à tirer, au lieu d'un an seulement auparavant. Ainsi le régime relâchait un maximum de détenus de droit commun pour mettre des honnêtes gens à leur place. Il atteignait à la quintessence de la dictature. Dans une interview au journal italien La Reppublica, le prix Nobel de littérature Orhan Pamuk déclara : « *En Turquie, on est en train, petit à petit, d'enfermer dans des cellules toutes les personnes qui se permettent d'exprimer les critiques même les plus infimes sur les actions du gouvernement* [...] *sur la base de la haine la plus féroce. Désormais, la liberté de pensée n'existe plus. Nous sommes en train de nous éloigner à toute vitesse d'un État de droit ver un régime de terreur.* »

Erdogan massacrait les libertés publiques que, dans un premier temps, il avait défendues contre l'armée kémaliste avec l'assentiment de l'UE et des États-Unis. La Turquie pensante était mise à sa botte. Il fut interdit aux universitaires de sortir du territoire turc. Les médias disparaissaient ou bien étaient repris par des hommes d'affaires à la solde du pouvoir. La magistrature était domestiquée. Les experts occidentaux de la Turquie, en état de sidération, prenaient acte de cette évolution qu'ils n'avaient absolument pas anticipée, à de rarissimes exceptions près. Il en allait de même pour les responsables politiques européens notamment.

Les Kurdes férocement réprimés

La lutte contre les revendications du peuple kurde continuait, sous couvert d'antiterrorisme. La répression de l'armée dans les territoires kurdes s'accompagnait de l'habituel cortège d'atrocités. En outre, une loi votée avant même le putsch autorisait la levée de l'immunité parlementaire des députés impliqués dans des dossiers sensibles, concernant notamment des liens présumés avec le PKK. Dans la nuit du 3 au 4 novembre, Selhattin Demirtas, cofondateur du parti d'opposition de gauche pro-kurde, le Parti de la démocratie des peuples (HDP), fut interpellé chez lui et jeté en prison. Le progressisme et le pacifisme de ce quadragénaire séduisant (il récusait les violences des durs du PKK) avaient gagné à son parti 13 % des voix et 80 sièges parlementaires aux législatives de juin 2015. Il avait plombé la majorité absolue de l'AKP. Ayant pris ses distances avec le PKK, ce jeune père de famille charismatique, sorte de Kennedy turc, élargissait la base de son parti aux minorités, aux femmes, aux homosexuels et aux écologistes. Il avait débarrassé le HDP du label de parti ethnique pour en faire une formation ouverte à la modernité. Il était l'incarnation politique des manifestants rebelles de Gezi. Son habileté politique en faisait un obstacle majeur sur la route de la tyrannie suivie par Erdogan. Il fallait éliminer ce gêneur et ses amis politiques. Dans la nuit du 3 au 4 novembre, une quinzaine de dirigeants du HDP furent arrêtés en même temps que Demirtas. Les purges se succédèrent contre eux.

Malgré la déclaration de l'état d'urgence le 20 juillet 2016, reconduit le 3 octobre de la même année, les attentats se multipliaient. Le 20 août, à Gaziantep, où vit une importante communauté kurde, au Sud-Est, à 60 km de la frontière turco-syrienne, une voiture piégée explosa dans une noce aux alentours de 22 h 50. Lourd bilan : 57 morts, dont 34 enfants et une centaine de blessés. Le marié, décédé, était membre du parti pro-kurde HDP.

Le 4 novembre, vers 8 heures, une voiture piégée explosa aux abords d'un commissariat de police à Diyarbakir, faisant 11 morts (dont deux policiers) et une centaine de blessés. Le gouvernement attribua l'attentat au PKK. Mais l'EI le revendiqua. C'était la première fois que l'organisation djihadiste en revendiquait un sur le sol turc. Mais le 6 novembre, un groupe extrémiste dissident du PKK, les Faucons de la liberté du Kurdistan (TAK), revendiqua aussi l'attentat.

Le 10 décembre 2016 eut lieu un double attentat à la bombe aux alentours d'un grand stade de foot, le Vodafone Arena, à Istanbul. Les Faucons de la liberté du Kurdistan revendiquèrent cette action terroriste qui tua 44 personnes, dont 36 policiers. Le pouvoir se servit de cet événement pour emprisonner 235 opposants, dont 198 membres du HDP. Ces derniers étaient accusés de «*diffuser la propagande du groupe terroriste*» PKK, que le gouvernement mettait dans le même sac que Les Faucons de la liberté du Kurdistan, adeptes revendiqués des actions terroristes. Par transitivité, le HDP était accusé par le gouvernement de complicité avec le KAT.

L'UE se plia aux volontés du satrape dont elle avait protégé l'ascension. L'«*islamo-démocrate*» qu'elle avait encensé fournissait à son pays un record international : celui du nombre de journalistes emprisonnés. Plus d'une centaine. Mais les dirigeants européens ne décidaient pas une annulation de la procédure d'entrée de la Turquie dans l'UE. Ils ne supprimaient pas le versement annuel des «*fonds structurels européens*» à ce pays en vertu de son statut, non invalidé, de candidat officiel à l'intégration. Au contraire, sans prendre l'avis des autres membres de l'UE, Angela Merkel alla se jeter aux pieds d'Erdogan pour lui offrir trois milliards d'euros en échange de la fermeture du robinet des clandestins inondant l'Europe. La somme serait ensuite portée à 6 milliards. La chancelière faisait assaut d'amabilité. Elle proposa de relancer les négociations d'adhésion qui, sans être déclarées officiellement caduques, étaient en suspens à cause du refus des peuples européens. Traumatisée par le choc du million d'immigrés auxquels elle avait niaisement ouvert la porte en 2015, les viols collectifs du Nouvel An à Cologne et ailleurs, la susceptibilité des cinq millions d'Allemands d'origine turque, elle ne savait pas que faire pour être agréable au tyran. Celui-ci exultait. Sa haine de l'Occident se colorait d'un mépris incommensurable.

La servilité des dirigeants européens vis-à-vis d'Erdogan n'a d'égal que l'agressivité mêlée d'arrogance qu'ils réservent à Poutine. Ils n'ont pas de mots assez durs pour stigmatiser son «*autoritarisme*» et sa «*corruption*». Ils maintiennent obstinément la Russie sous embargo en carbonisant certains de leurs propres circuits commerciaux. Mais il n'est pas question d'en faire autant avec la Turquie d'Erdogan. L'assassinat de la démocratie qui s'y commet ne provoque pas sa mise à l'index. L'UE est complice de ce meurtre politique. Elle imagine se préserver ainsi. Elle ignore qu'elle court de grands risques. De même qu'elle ignorait ce qu'Erdogan ferait de la Turquie avant que ça finisse par sauter aux yeux. Il n'applique pas au monde d'aujourd'hui le commentaire de Churchill sur les accords de Munich de 1938, si fréquemment cité pour rappeler l'incurie des dirigeants de l'époque face à Hitler: «*Vous avez eu à choisir entre la guerre et le déshonneur. Vous avez choisi le déshonneur et vous aurez la guerre.*»

Mais l'UE se trompe d'ennemi, comme toujours. Elle a l'acuité visuelle d'une taupe. Manipulée par Washington, elle prend la Russie de Poutine pour une terrible menace dirigée contre elle. Elle ne regarde pas dans la bonne direction. Ce qui constitue à terme un danger pour elle, ce n'est pas la Russie de Poutine. C'est la Turquie d'Erdogan et de ses héritiers à venir.

Victoire d'Erdogan au référendum constitutionnel sur la présidentialisation

Premier président de la République élu au suffrage universel direct en 2014, l'ogre n'était pas encore rassasié. Erdogan poursuivit sa quête d'un pouvoir quasi absolu en organisant un référendum sur la présidentialisation du régime. La réforme constitutionnelle soumise au vote supprimait le poste de Premier ministre et transférait ses pouvoirs au Président, qui serait à la tête de l'État et de l'exécutif. Il serait flanqué d'un Vice-Président de la République choisi par lui. L'élection du président se ferait au scrutin uninominal majoritaire à deux tours pour un mandat de cinq ans renouvelable une fois. Il édicterait des décrets ayant force de loi. Le projet prévoyait de faire coïncider les dates des élections législatives et présidentielle, en bonne logique présidentialiste. Le nombre de sièges au Parlement passerait de 550 à 600. À cela s'ajoutait une réforme de la Justice. La Constitution de 1982 garantissait son indépendance. Les épurations massives de magistrats avaient violé ce principe. Cela ne suffisait pas. Erdogan voulait un verrouillage constitutionnel total de l'institution judiciaire. Le projet prévoyait l'intervention directe du Président et du Parlement dans la nomination des membres du Saint des Saints de la magistrature, le Haut Conseil des juges et procureurs, qui nomme et destitue les magistrats. Erdogan entendait légitimer la dictature par une réforme constitutionnelle recevant l'onction du peuple.

Dans cette nouvelle constitution, le vote de confiance du Parlement disparaissait et les ministres perdaient toute autonomie. Le président de la République détenait tous les pouvoirs.

Voté par le Parlement, approuvé par Erdogan, le projet fut soumis au verdict du suffrage universel le 23 avril 2017. Le vote des Turcs d'Europe eut lieu plus tôt, du 27 mars au 9 avril. Ce fut une nouvelle occasion pour Erdogan de couvrir d'insultes les Européens. Ceux-ci manifestèrent tout de même quelques signes d'agacement. En Allemagne par exemple. Le 3 mars, des meetings favorables au « oui » pour lesquels avait été programmée l'intervention du ministre des Affaires étrangères, Mevlüt Çavusoglu, y furent interdits. Erdogan stigmatisa aussitôt des « *pratiques nazies* ».

Le 11 mars, les Pays-Bas annulèrent les meetings de l'AKP à leur tour. La police obligea Çavusoglu et la ministre de la Famille qui cheminaient ensemble vers le lieu d'un rassemblement, à rebrousser chemin. Aussitôt Erdogan vociféra contre des pratiques « *nazies et fascistes* ». La Suisse et l'Autriche interdirent aussi ces meetings. Mais pas la France de François Hollande. Le chef de l'État français autorisa la tenue d'un meeting à Metz le 12 mars. Çavusoglu s'y rendit en toute quiétude pour y prendre la parole.

Dans la nuit du 14 mars, les hackers d'Erdogan transformèrent le cyberespace en champ de bataille. Ils violèrent plusieurs comptes Twitter pour y glisser la propagande du « oui » : Unicef, Amnesty International, ministère français de l'Économie et des Finances, France 3 Normandie et Envoyé spécial. Ils affichèrent sur les sites piratés les insultes d'Erdogan traitant les Pays-Bas et l'Allemagne de « *pays nazis* ». Le président de la République turque attaqua Angela Merkel, bien mal récompensée de son allégeance envers lui. Il exhortait les électeurs germano-turcs à ne pas voter pour elle. Deux jours après, Ankara annula le programme de meetings pro-« oui » établi pour l'Allemagne jusqu'au référendum. Quant aux partisans du « non », Erdogan les traînait dans la boue parce qu'ils faisaient « *le jeu des putschistes et des organisations terroristes* ».

Le « oui » gagna de justesse, avec 51,4 % des suffrages, contre 48,59 % pour le « non ». Le taux de participation fut de plus de 85 %. Les Turcs expatriés avaient approuvé le « oui » à près de 60 %.

Ils avaient largement contribué à sauver la mise du Président. Le « non » avait obtenu des résultats importants dans les grandes villes turques. Erdogan avait gagné d'extrême justesse, mais il avait gagné…

Après l'annonce des résultats, une mission commune d'observateurs de l'Organisation pour la sécurité et la coopération en Europe (OSCE) critiqua les conditions inéquitables dans lesquelles s'était déroulée la campagne, pointant les modifications tardives dans la procédure de comptage des voix et diverses anomalies à caractère frauduleux. Mais ce constat fut sans conséquence.

À Istanbul, Ankara et Izmir, des milliers de manifestants hurlèrent leur colère pendant trois semaines. Ils estimaient que, sans les fraudes électorales, le camp du « oui » n'aurait pas obtenu sa courte victoire. Une répression policière brutale accompagnée de nombreuses arrestations mit fin à ces manifestations.

Chapitre V

2018 : Erdogan hyper-président

Erdogan remporta l'élection à l'hyper-présidence de la République malgré un retournement économique. Son alliance avec l'extrême droite nationaliste lui avait donné l'appoint nécessaire pour cette présidentielle anticipée et les législatives. Mais l'AKP essuya des revers aux municipales de mars 2019.

Alliance d'Erdogan avec l'extrême droite nationaliste

Il restait à Erdogan un obstacle de taille à franchir : se faire élire président de la République dans le cadre de la nouvelle constitution. La partie n'était pas gagnée d'avance. Le « oui » poussif au référendum constitutionnel de 2017 avait failli être un « non ». La bonne santé économique sur laquelle avait surfé l'AKP depuis 2002 donnait les premiers signes de faiblesse. La réforme constitutionnelle pour la présidentialisation du régime qu'Erdogan avait mise en place allait-elle profiter à un autre que lui ? Avait-il franchi tous ces obstacles pour en arriver là ?

Le fauve politique méditait sa stratégie. Il lui fallait exploiter les succès militaires contre les Kurdes à Afrine en Syrie. Mais surtout il avait une carte maîtresse dans son jeu : le Parti d'action nationaliste (MHP), ultranationaliste, anti-kurde et anti-européen, qui avait voté pour le « oui » au référendum constitutionnel de 2017. Erdogan réussit un coup de maître. Le 28 février 2018, il forma une coalition électorale regroupant son Parti de la justice et du développement (AKP) avec le Parti d'action nationaliste (MHP), d'extrême droite anti-européenne, pour soutenir son élection à la présidence de la République. L'abrogation par le Parlement des dispositions de la loi électorale qui interdisait de telles alliances avait rendu possible celle-ci. Elle porte le nom d'Alliance populaire (*Cumur Ittifaki*, CI). Le chef du MHP, Devlet Bahceli, s'abstint de se présenter à l'élection présidentielle afin que ses électeurs se reportent sur Erdogan.

Élections anticipées sous état d'urgence

Celui-ci convoqua les élections près d'un an et demi avant l'échéance normale du 3 novembre 2019 pour éviter que l'aggravation tout à fait prévisible de la situation économique ne ruine ses chances. L'élection présidentielle fut programmée pour le 24 juin 2018, le même jour que les législatives, en plein état d'urgence, reconduit pour la septième fois : il courait depuis 2016. Devenu chronique, il était un instrument entre les mains d'Erdogan pour fausser les campagnes électorales. Le Kurde Selahattin Demirtas, candidat du Parti démocratique des peuples (HDP), mena la sienne à partir de la prison où il croupissait depuis le 4 novembre 2016. Il dénonça le trucage du jeu électoral : « *Le gouvernement et le Président Erdogan vont faire campagne en se servant de tous les moyens sous leur contrôle. Ils vont pouvoir interdire tout rassemblement et tout média en invoquant l'état d'urgence.* »

Les hommes d'affaires alliés d'Erdogan contrôlaient 90 % des médias. Mais les réseaux sociaux firent irruption dans cette campagne. Des opposants à Erdogan lancèrent le hashtag #TAMAM (« *ça suffit* ») sur Twitter, répercuté par des milliers d'internautes, parmi lesquels l'acteur américain Elija Wood et les divers candidats d'opposition. Les partisans d'Erdogan ne furent pas en reste. Ils mirent en circulation le hashtag #DEVAM (« *continue* »).

Le candidat Erdogan ne fut pas avare de promesses telles que la levée de l'état d'urgence ou le renvoi des réfugiés syriens à la fin de la guerre.

La technologie moderne lui tendit un piège. Plusieurs vidéos faites par des témoins avec leurs téléphones portables circulèrent sur les réseaux sociaux. On y voyait le Président exhortant ses partisans à se rendre à l'avance et en nombre dans les bureaux de vote le jour du scrutin pour en prendre le contrôle et truquer le contenu des urnes. Dans cette même séance, Erdogan invitait ses partisans à concentrer leur effort sur les candidats du HDP pour empêcher ce dernier de franchir le seuil des 10 % aux législatives et « *éviter de répéter le 7 juin* ». Il parlait des élections du 7 juin 2015, où la percée du HDP avait fait perdre (temporairement) à l'AKP sa majorité absolue au Parlement. Il insistait : « *Si le HDP échoue à atteindre le seuil électoral, cela nous mettra dans une bien meilleure position.* »

Erdogan élu hyper-président de la République

La stratégie d'Erdogan le mena à la réussite, encore une fois. L'AKP, avec près de 26,4 millions de voix et 52,59 % des suffrages, arriva en tête de l'élection présidentielle. Suivait de loin Muharrem Ince, le candidat kémaliste du CHP, avec 15,3 millions de voix et 30,64 %. Selahattin

Demirtas, le candidat kurde du HDP, ne décrocha que 4,2 millions de voix et 8,40 %. Meral Aksener, représentant un parti laïciste et nationaliste nouveau-né, le Bon Parti, n'eut que 3,6 millions de voix et 7,29 %. Les candidats du Parti de la félicité et du Parti patriotique réalisèrent des scores insignifiants.

Le 26 juin, le vice-président du MHP, Mustapha Kalayci, déclara que sa formation, alliée de l'AKP dans cette élection, renonçait à briguer des postes ministériels.

Le 9 juillet 2018, Erdogan prêta serment pour son deuxième mandat présidentiel. Il avait réussi à devenir l'hyper-président de la Turquie.

Aux législatives, l'AKP avait manqué de peu la majorité absolue. Mais cela ne portait pas à conséquence. Grâce au regroupement de son parti avec le MHP sous l'étiquette de l'Alliance populaire (*Cumur*), le Président Erdogan disposait d'une majorité absolue : 26,9 millions de voix, 53,66 % des suffrages et 344 sièges sur 600. Il détenait un puissant levier parlementaire.

Non seulement il avait réussi à se maintenir au pouvoir depuis 2003, mais aussi il avait accru spectaculairement ses prérogatives constitutionnelles. Au point d'être entré dans le petit club des chefs d'État qui en ont le plus au monde. Le rejeton d'une famille pauvre d'Istanbul passionné de foot et d'islam était devenu l'hyper-président de la Turquie.

Libération des officiers kémalistes

L'épuration massive des gülénistes avait privé l'armée, la police et le renseignement de cadres très compétents. Leur éviction laissait un vide s'ajoutant à celui dû au limogeage des officiers kémalistes. Les forces de sécurité souffraient d'un grave problème d'encadrement. Il devenait urgent de le combler. Erdogan régla le problème avec son pragmatisme habituel. Le *Reis* se tourna vers les officiers kémalistes qu'il avait jetés en prison. Il les en fit sortir pour les réintégrer dans l'armée. Les gülénistes mis hors jeu, il n'y avait plus qu'eux pour assurer un encadrement de qualité. Leur expérience des conflits avec le PKK était irremplaçable.

Ce faisant, Erdogan évitait l'erreur de Staline. Celui-ci décapita le haut commandement de l'Armée rouge lors des Grandes Purges de 1936-1937 contre l'appareil militaire. Le dictateur rouge fit exécuter le maréchal Toukhatchevski, ce génie militaire qui était en train de moderniser la doctrine, l'organisation et l'équipement de l'armée. Son sens aigu de la manœuvre avait donné la victoire aux troupes soviétiques sur divers champs de bataille. Sa mort et celles des brillants officiers qu'il avait formés avaient été l'une des causes de l'effondrement de l'Armée rouge face à l'invasion allemande déclenchée le 22 juin 1941.

Mais Erdogan n'est pas Staline. Il n'en a pas la rigidité d'esprit ni la paranoïa exacerbée enveloppée d'une froideur reptilienne. Comme Staline, il a des convictions solidement ancrées : le bolchevisme pour l'un, l'islamo-nationalisme pour l'autre. Mais Staline s'est laissé manipuler par les services secrets allemands. Ils l'avaient persuadé que Toukhatchevski complotait contre lui. La légendaire paranoïa du tyran s'était enflammée comme de l'étoupe. Il était tombé à pieds joints dans le piège. À quoi s'était ajoutée sa susceptibilité à fleur de peau : il n'avait pas pardonné à Toukhatchevski un reproche sur la conduite des opérations militaires lors du conflit russo-polonais de 1923. Erdogan, lui, n'est pas paranoïaque. Il est seulement colérique. Et encore… Ses explosions de colère sont souvent calculées en vue d'objectifs précis. C'est un animal à sang chaud qui sait rester lucide. Staline était un animal à sang froid victime de sa paranoïa à l'occasion.

En libérant les officiers kémalistes et en les réintégrant dans l'armée, Erdogan ne sacrifiait pas seulement à des impératifs techniques. Il scellait une alliance avec eux pour un partage des rôles au bénéfice mutuel des deux parties. Aux militaires le bonheur de piloter un magnifique joujou pour lequel le régime ne répugne à aucun effort en armements et financements. À Erdogan les orientations politiques, dans une perspective panturquiste qui a l'avantage de séduire les militaires. Ce partenariat rappelle l'alliance scellée par Hitler avec la Wehrmacht. L'armée jura fidélité au *Führer* en faisant taire ses préventions idéologiques contre le nazisme. En échange, le régime hitlérien ne lui refusait rien et lui ouvrait les chemins de la gloire.

Défaite relative de l'AKP aux municipales de mars 2019

L'hyperprésident fraîchement couronné se jeta à corps perdu dans la campagne pour les élections municipales du 21 mars 2019. La coalition AKP-MHP avait un grand besoin de son soutien. Le vent avait tourné. Depuis l'arrivée au pouvoir de l'AKP en 2002, le PNB turc avait été multiplié par trois. Mais voilà que, pour la première fois depuis 10 ans, l'économie était entrée en récession, avec une forte dépréciation de la lire turque et un chômage galopant. Sentant ces élections mal parties, Erdogan se produisit dans une centaine de meetings, au risque d'être tenu pour responsable d'une éventuelle déroute électorale.

Certes l'hyperprésident ne put faire autrement que d'évoquer les problèmes économiques. Mais en désignant des boucs émissaires à la vindicte populaire, notamment les banquiers dont il dénonçait les spéculations financières responsables de la chute de la monnaie turque. Erdogan cherchait à encolérer les musulmans pieux et aussi les souverainistes de gauche en maniant un complotisme anti-occidental. Il stigmatisa « *l'impérialisme économique américain et occidental* » et le « *complot des puissances d'argent* ». L'obsession de l'Occident serait de saboter l'économie turque.

Erdogan se lançait dans des échappées oniriques sur des projets démesurés pour Istanbul : une « *vallée de la biotechnologie* » nécessitant 6 milliards de lires, un centre de technologie qui dévorerait 3,5 milliards de lires. Et de grands studios de tournage à 900 millions de lires afin de mieux glorifier le passé ottoman. Rien n'était trop beau. Mais c'était peu réaliste. Le temps n'était plus aux dépenses illimitées.

L'économie se dérobant sous ses pieds, Erdogan composait son plat de résistance électorale avec des sujets polémiques à connotation religieuse. Ainsi il diffusa la vidéo tournée par le terroriste Brenton Tarrant au cours des attentats qu'il avait perpétrés contre des musulmans à Christchurch en Nouvelle-Zélande.

Continuant à solliciter le ressort religieux, le *reis* jeta un pavé dans la mare le 24 mars en annonçant dans une interview télé son intention de faire de Sainte Sophie une mosquée. Sujet ô combien sensible ! Le 29 mai 1453, le sultan ottoman Mehmet II qui venait de conquérir Byzance (devenue Istanbul) transforma en mosquée la Cathédrale Sainte Sophie, le plus grand monument religieux de la chrétienté antérieurement à Saint Pierre de Rome. C'est au VIe siècle que l'empereur Justinien l'avait fait construire en sa forme actuelle. Toutefois Mehmet II dépouilla le bâtiment de ses attributs chrétiens : il le ceignit de minarets et fit recouvrir ses fresques murales par des versets calligraphiés du Coran et des arabesques. Sainte Sophie conserva ce statut islamique jusqu'en 1934. Cette année-là, le laïciste Kemal Atatürk lui retira sa fonction de lieu de culte pour en faire un musée profane ouvert à tous. Erdogan entendait rendre à l'islam ce monument qu'il estimait lui appartenir.

L'iniquité atteignit un paroxysme dans cette campagne électorale. Entre le 1er février et le 29 mars, sur la chaîne de télévision publique TRT Haber, le temps de parole favorable à l'AKP culmina à 146 heures 38 minutes et 29 secondes. Celui du Parti républicain du peuple (CHP), principale formation d'opposition, fut de 21 heures 12 minutes et 45 secondes. Quant au Parti démocratique des peuples (HDP), il disposa de… 36 secondes. C'est cela, une campagne électorale en Turquie, pays toujours officiellement candidat à l'adhésion à l'Union européenne…

Autre facteur de distorsion : depuis 2014, le gouvernement avait destitué et emprisonné de nombreux maires qu'il avait remplacés par des administrateurs de son choix. Ce fut le cas des élus du Parti de la paix et de la démocratie (*Baris Ve Demokratisi Partisi*, BDP), mouvement prokurde créé en 2008 et dissous en 2014.

Malgré la fraude et autres iniquités, les résultats furent une gifle pour l'AKP qui perdait plusieurs grandes villes : Ankara, Istanbul, Antalya et Adana. Toutefois il faut relativiser cette défaite. En termes de suffrages (44 % pour lui tout seul), l'AKP s'est maintenu au même niveau que lors des élections municipales précédentes. Il conserve la majorité des mairies d'arrondissement de la plupart des grandes villes, à Ankara et Istanbul en particulier. L'AKP conserve donc un fort pouvoir d'obstruction, y compris au niveau de la gestion des fonds et subventions municipaux.

L'alliance AKP-MHP réussit à conserver 51,2 % des voix à l'échelle du pays avec une participation à 84,66 % des suffrages exprimés. L'AKP déposa des recours notamment à Ankara et Istanbul. Il finit par obtenir la tenue de nouvelles élections à Istanbul, pour le mandat de maire uniquement, les sièges des conseils municipaux restant entre ses mains. Né en 1950, le sémillant candidat du Parti républicain du peuple (CHP), Ekrem Imamoglu, qui avait déjà remporté la première consultation, sortit vainqueur de la seconde avec 54,2 % des suffrages, améliorant son score de 5,4 %. Pourtant, Erdogan ne l'avait pas ménagé, le traitant de « *Grec ennemi de la nation* ». Erdogan fut mortifié de la défaite de l'AKP à Istanbul, la ville de son enfance et de son ascension politique, qu'il a tellement reconfigurée en tant que maire, Premier ministre et président de la République.

L'islam désormais référence obligée de tous les partis

Il est vrai que, tout candidat du CHP qu'il fût, Imamoglu avait ménagé la fibre islamique des couches populaires d'Istanbul. Il avait fait intervenir un imam dans un de ses meetings. Il avait promis qu'il ne reviendrait pas sur l'interdiction de la vente d'alcool dans les cafés municipaux instaurée par Erdogan ni sur les horaires non mixtes dans les piscines. Il a prié sur le Coran devant les caméras de télévision. Son épouse a pris la défense des femmes voilées. On est très loin d'Atatürk. La réislamisation de la Turquie est une donnée centrale de la vie électorale. Le kémalisme dans sa pureté originelle n'est plus. En réalité, tous les partis sont obligés de se référer à l'islam, y compris les plus laïcs comme le Parti républicain du peuple (CHP) et le Parti démocratique des peuples (HDP) turco-kurde de gauche favorable à l'autonomie kurde. Depuis 2014, la branche locale du HDP, dans le sud-est de la Turquie, célèbre l'anniversaire de la naissance de Mahomet. La Turquie tourne autour d'un axe islamique. C'est irréversible.

Si Erdogan venait à perdre le pouvoir en 2023 ou plus tard, son héritage islamique lui survivrait. Il aura catalysé une tendance de fond. Il a pris rang parmi les grands acteurs de l'Histoire. La Turquie kémaliste est morte. Personne ne la ramènera à la vie.

Le gouvernement Erdogan fait tout son possible pour bloquer l'administration municipale d'Imamoglu. Ainsi les banques publiques refusent de financer les projets d'infrastructures « *à caractère urgent* » de la municipalité, même à court terme. Le jeune maire se voit contraint de s'adresser à des banques étrangères. L'administration gouvernementale lui refuse des autorisations d'ouverture de chantiers, pour étendre le métro par exemple. Les projets d'Imamoglu contrarient l'erdoganisme immobilier. Il compte verdir la place Taksim quand Erdogan rêve de la bétonner. Décidément, l'hyerprésident ne supporte pas la présence de ce jeune insolent à la tête de « sa » ville.

Mansur Yavas, le Monsieur Propre d'Ankara

Autre grande ville conquise par le Parti républicain du peuple (CHP) : Ankara. Né en 1955, Mansur Yavas l'a emporté avec 50,9 % des voix sur le maire sortant AKP, Mëlih Gökçek, qui régnait sur la capitale depuis 25 ans. Mettant fin au clientélisme débridé de son prédécesseur, il a stoppé la bétonisation effrénée de la ville au profit d'une politique de verdissement et de piétonnisation. À son arrivée à la mairie, il a trouvé deux milliards de dettes (en lires) et un métro inachevé, dont la facture impayée se montait à 50 millions. L'ancienne équipe avait déménagé les archives, l'inventaire des biens tels que les voitures de fonction ou encore les contrats avec les entreprises de construction qui gravitent autour de l'AKP. Yavas a déclenché cinquante enquêtes et procédures judiciaires pour corruption. La pureté originelle de l'AKP avait laissé place à cette cupidité que le parti avait dénoncée à l'aube de son existence, lors des législatives de 2002.

Fils d'un vendeur de journaux mort jeune, incité par sa mère à décrocher des diplômes universitaires, Yavas fit son droit et devint avocat avant de se lancer en politique. Marié, père de deux filles, il est habillé de probité et de modestie. Il évite les plateaux télé et se promène dans la ville sans gardes du corps, avec parfois son épouse non voilée à ses côtés. Il parle avec sobriété. À l'inverse de son prédécesseur, il gère la ville à livres de compte ouverts. Il n'est pas de chantier dont il ne porte les coûts à la connaissance du public. Les appels d'offres sont diffusés en direct sur les réseaux sociaux. Une banderole tendue au-dessus d'un ouvrage d'art proclame : « *Ce pont a coûté 45 millions de livres turques* ». Yavas développe au maximum les services sociaux comme le fit l'AKP jadis. En ces temps de Covid 19, il organise des distributions de produits alimentaires à bas prix. Il fait preuve d'un sens aigu de l'organisation. Il doit lutter âprement contre ses opposants de l'AKP, qui contrôlent 19 des 25 municipalités de la province d'Ankara et font systématiquement obstruction à ses projets.

Il est très aimé des femmes : il se dépense sans compter pour leurs études, leur autonomie professionnelle et l'égalité des sexes.

Imamoglu et Yavas cristallisent les espoirs de l'opposition pour battre Erdogan à l'élection présidentielle de 2023. Le président de la République redoute tout particulièrement Yavas. Homme du peuple tout comme lui, à 65 ans il est resté intègre et désintéressé. Il incarne la vertu, à l'opposé du satrape fastueux dans son palais sultanesque de 1 000 chambres serti d'or et de marbre.

L'épidémie de Covid 19 a mis en évidence la proximité de Yavas avec le peuple. Lors de la première vague de l'épidémie, le gouvernement bloqua ses appels aux dons pour les foyers modestes. Comme à Istanbul, une obstruction systématique à l'action du maire d'opposition est de mise. Qu'à cela ne tienne ! Yavas lança un appel aux gens de cœur pour qu'ils règlent les factures des nécessiteux dans les épiceries. Les restaurants ayant été fermés à cause de la Covid 19, il fit nourrir gratuitement les chiens et chats des rues pour leur éviter la famine.

Pour l'instant, Yavas ne se mêle pas des questions de géopolitique ni de religion. Il se limite à la gestion municipale. Certains lui reprochent d'avoir démarré sa vie militante au MHP, parti nationaliste d'extrême droite anti-kurde. Cela pourrait lui aliéner l'électorat kurde. Mais enfin, il plaide l'erreur de jeunesse.

CINQUIÈME PARTIE

LE BELLICISME NÉO-OTTOMAN D'ERDOGAN

Chapitre I

Erdogan nostalgique de l'Empire ottoman

Fervent admirateur de l'Empire ottoman, Erdogan entend s'en inspirer pour conduire la politique étrangère de la Turquie. Il a forgé un syncrétisme entre le nationalisme panturc et le néo-ottomanisme communautariste. Son ambition : redonner à la Turquie l'influence perdue à la chute de l'Empire ottoman.

La nostalgie de l'Empire ottoman

Sainte-Sophie, vendredi 24 juillet 2020. Au premier rang, devant les caméras de télévision, se tenait le président Erdogan, accroupi, sans masque anti-covid, bonnet blanc de prière sur le crâne, paumes tournées vers le plafond. C'était le jour de la reconversion officielle de Sainte Sophie en mosquée. À l'ouverture de la cérémonie, le président du Diyanet, la direction gouvernementale des Affaires religieuses, avait lu le prêche en tenant un sabre dont la lame était ciselée d'un verset du Coran. La séance de prière terminée, Erdogan alla se recueillir sur la tombe de Mehmet II, le conquérant d'Istanbul en 1453. La ville paya sa défaite de trois jours de massacres, de viols et de pillages.

Les émotions du gamin de Kasimpasa qui avait grandi au milieu des vestiges architecturaux de l'Empire ottoman submergeaient l'esprit du président turc en ce 24 juillet 2020. Pour lui, l'Empire ottoman n'est pas un fantôme du passé. C'est une boussole qui oriente de plus en plus ses choix politiques. Les Occidentaux peinent à appréhender ce phénomène. Ils considèrent comme folklorique l'apparat ottoman accompagnant les cérémonies officielles. Par exemple les figurants costumés en janissaires évoluant au son des fifres et des tambourins. Après avoir gagné l'élection présidentielle de 2018, Erdogan rejoignit la cérémonie d'intronisation, escorté d'une garde d'honneur habillée comme les guerriers des anciens États turciques. Le Président choisit systématiquement la date commémorative d'un haut fait d'armes ottoman pour inaugurer un monument ou un équipement prestigieux. Il ne manque pas une occasion de célébrer les victoires ottomanes.

Syncrétisme entre le nationalisme panturc et l'impérialisme ottoman communautariste

L'idéologie politique d'Erdogan est un syncrétisme entre l'impérialisme ottoman et le nationalisme d'Atatürk. Ce dernier avait installé un récit national turc sur un mythe fondateur, celui des Göktürks. Ces conquérants turco-mongols de l'Anatolie avaient été expulsés d'Asie centrale par des vagues de sécheresse, non sans y avoir laissé des vestiges archéologiques. On trouva en Mongolie septentrionale les textes épiques en langue turcique les plus anciens. Ils dataient du VIIIe siècle. Atatürk les fit traduire en turc moderne et enseigner à l'école à partir de 1931. Ces légendes qui célébraient les « *Turcs célestes* » ressemblaient aux sagas vikings. Les aventures épiques de ces valeureux guerriers édifièrent les écoliers jusque dans les années 60. Il s'agissait d'exhorter les générations successives à préserver la culture et les « *vertus turques* » de ces Turco-Mongols présentés comme une « *race supérieure* ». L'humanité ne leur devait rien moins que la maîtrise du feu, l'urbanisme moderne, le commerce, l'agriculture et la métallurgie. Le nationalisme d'Atatürk mettait en exergue l'élément ethnique, comme l'extrême droite nationaliste turque aujourd'hui. La psyché collective du pays a assez bien digéré cela. Il est courant de voir un Turc rectifier d'un air indigné l'erreur désobligeante d'un étranger ignorant les réalités ethniques du Moyen-Orient qui l'aurait pris pour un Arabe.

Le mythe de la Louve grise ayant poussé les peuples turco-mongols hors de leurs vallées originelles à la conquête du monde a conservé une force symbolique dans les milieux nationalistes. Fondée dans les années 60, une organisation officiellement nommée Les Foyers idéalistes se réclame de cette Louve grise, équivalent turc de la louve ayant allaité Romulus et Remus, les fondateurs de Rome. Le signe de ralliement des Foyers idéalistes est la main levée, l'auriculaire et l'index en l'air, l'annulaire et le majeur joignant le pouce pour figurer le museau de l'animal. À cause de cette référence à la louve fondatrice, les Foyers idéalistes sont communément appelés « Les Loups gris ». C'est ce mouvement que le gouvernement français a banni de l'Hexagone en novembre 2020, après que ses hordes de militants circulant en convois eussent lancé des expéditions punitives contre les Arméniens dans les rues de Lyon, Vienne, Meyzieu et Décines.

Dans les années 60, les Loups gris constituèrent la milice du Parti national républicain et paysan, ultranationaliste, que le colonel Alparslan Türkes rebaptisa Parti d'action nationaliste (MHP) en 1969, quatre ans après son arrivée à la direction du mouvement. Le colonel Türkes s'était distingué pendant la Deuxième Guerre mondiale en appelant la Turquie à s'allier avec l'Allemagne nazie. Il fut aussi le chef de file des putschistes qui déposèrent et exécutèrent le Premier ministre Adnan Menderes en 1960-1961. Les nationalistes admirent aussi Talaat Pacha, l'un des grands organisateurs du génocide des Arméniens en 1915, qui fut assassiné à Berlin en 1921. Ils vénèrent également Kemal Atatürk, dont Erdogan maintient le portrait dans tous les bâtiments officiels.

Dans les années 70, les Loups gris menèrent une violente guérilla urbaine contre les révolutionnaires marxistes-léninistes et le mouvement insurrectionnel kurde naissant. Ils commirent plusieurs massacres, dont celui de Kahramanmaras en décembre 1978 dans le sud de la Turquie : plus de 100 morts. À la fin des années 70, les Loups gris et l'appareil sécuritaire turc nouèrent une alliance contre le PKK qui se renforça au fur et à mesure de l'intensification des affrontements avec la guérilla kurde au cours des années 80. En effet les Loups gris sont férocement anticommunistes et antiminorités. Le PKK leur fait horreur. L'alévisme aussi, qui est répandu chez les Kurdes. Un bon Turc est un Turc sunnite.

Les mafias turques furent enrôlées dans cet affrontement jusqu'au-boutiste avec le PKK. Elles s'y montrèrent d'une redoutable efficacité. Une triangulation Loups gris-État profond-mafias structurait la lutte contre la guérilla kurde. Le paradoxe des Loups gris, c'est qu'ils agissaient en toute illégalité tout en déclarant «*sacré*» l'État qu'ils défendaient envers et contre tout et par tous les moyens.

Longtemps, le MHP fut hostile aux partis islamistes, dont l'AKP d'Erdogan inspiré par les Frères musulmans.

Leur sensibilité kémaliste vomissait le «*frérisme*». Mais en 2016, Erdogan, ce prestidigitateur de la politique, réussit brillamment à renverser les alliances. Il lui avait fallu sortir d'une impasse. Il avait perdu le soutien des libéraux après la violente répression des manifestations populaires de Gezi en 2013. Il s'était aliéné les Kurdes après s'être retourné contre eux en 2014. Il avait achevé de se mettre à dos les gülénistes après le coup d'État de 2016. Il se retrouvait politiquement isolé. Il lui fallait se procurer un nouvel appui. Eh bien, ce serait l'extrême droite nationaliste! Erdogan insistait désormais sur la défense intransigeante de l'État contre les séparatistes kurdes, écartant toute perspective de négociation avec eux. Et contre les «*terroristes*» de *Fetö* (surnom péjoratif de la confrérie de Fetullah Gülen). Une telle posture lui valut le franc soutien du MHP. Il contracta avec lui une alliance électorale lui permettant de conserver le pouvoir. C'est à ce moment-là qu'Erdogan s'est mis à faire publiquement le signe de reconnaissance des Loups gris, milice du MHP: les doigts en forme de museau. Toutefois cette alliance engendra en 2017 une scission du MHP. La «*Louve*» Meral Aksener créa «Le Bon parti» avec des transfuges du MHP et des éléments des Foyers idéalistes.

L'esprit de conquête

L'attelage idéologique réunissant nationalisme panturquiste et néo-ottomanisme semble intellectuellement bancal. Le nationalisme est un concept européen importé en Turquie au XIXe siècle. Il y a contradiction entre l'obsession ethnique des nationalistes turcs et l'ambition de réunir sous la bannière d'un nouveau califat ottoman les peuples de l'*umma* (la communauté des *croyants* c'est-à-dire les musulmans, tout au moins sunnites). Des peuples d'une grande diversité ethnique et culturelle la composent. Mais ces deux idéologies ont un ressort commun : l'esprit de conquête. Celui-là même qui anima l'Empire ottoman au cours des siècles. Il habite aussi l'extrême droite nationaliste turque. Erdogan joue cette carte.

Chapitre II

La Turquie État phare de l'islam

Les civilisations s'organisent autour d'un État phare, selon Samuel Huntington, théoricien du « Choc des civilisations ». *La Turquie peut devenir l'État phare de l'islam à cause de son importance démographique et économique, de sa situation géographique, de son passé ottoman, de sa réislamisation sous l'égide du charismatique Erdogan.*

Le rêve d'Erdogan : rétablir le Califat ottoman

Le projet néo-ottoman d'Erdogan a de quoi séduire l'extrême droite nationaliste par le rôle éminent qu'il assigne à la Turquie : devenir l'État phare de l'islam. Elle ne se fonderait pas dans l'*umma*, elle la dominerait. L'orgueil panturc y trouverait son compte. Ce serait bien les descendants des valeureux turco-mongols venus d'Asie centrale qui prendraient la tête du renouveau musulman face à l'Occident. La position surplombante des fils de la Louve grise dans l'*Umma,* la communauté des *croyants,* leur ferait honneur. Comme ce fut le cas dans l'Empire ottoman. C'est eux qui le bâtirent.

Erdogan ambitionne de rétablir le califat ottoman, aboli par Kemal Atatürk en 1924. Son rêve rejoint celui de bien des islamistes à travers le monde. Ce grand projet est couplé avec un autre : le rétablissement, au moins partiel, de l'*Umma*, la communauté des *croyants*. Ce rêve est celui des Frères musulmans, dont le président turc est proche. Les Occidentaux jugent cette idée fumeuse, à cause des divisions interétatiques du monde musulman. Mais certaines d'entre elles ont vocation à s'estomper, car l'État n'y occupe pas une place aussi prépondérante qu'en Occident (où elle décline aussi). Samuel Huntington, professeur à l'Université Harvard, explique dans son ouvrage « *Le Choc des civilisations* » (Éditions Odile Jacob, 1997) : « *La structure de la loyauté politique entre Arabes et entre musulmans a en général été l'opposé de celle qui prévaut dans l'Occident moderne. Pour ce dernier, l'État-nation est le parangon de la loyauté politique. Des loyautés plus restreintes lui sont subordonnées et sont subsumées dans la loyauté vis-à-vis de l'État-nation. Les groupes qui transcendent les États-nations (communautés linguistiques ou religieuses, ou civilisations) requièrent une loyauté et un engagement moins intenses* [L'UE en est un exemple]. *Dans le monde islamique, la structure de la loyauté a été presque l'inverse. L'islam connaît un creux au milieu de la hiérarchie de ses loyautés. Les deux structures fondamentales et durables* [...] *étaient la famille, le clan et la tribu d'une part, et les unités formées par la culture, la religion et l'empire à plus grande échelle de l'autre.* »

Des tribus avec des drapeaux

Le tribalisme et la religion (l'islam) ont joué et jouent encore un rôle déterminant dans le développement social, économique, culturel et politique des sociétés et des systèmes politiques arabo-musulmans. Ils sont des facteurs cruciaux façonnant et déterminant la culture et l'esprit politiques arabes.

Beaucoup d'États arabes sont *« des tribus avec des drapeaux »*. Ces États n'ont jamais établi solidement leur légitimité. Minés par la corruption et l'inefficacité, ils ne sont pour la plupart que des avatars du colonialisme occidental, dont les frontières ne coïncident pas avec celles des groupes ethniques. Les Berbères, habitants autochtones du Maghreb conquis par les invasions bédouines, se répartissent de la Libye à l'Atlantique et de la Méditerranée à la boucle du Niger. *« Ces États ont divisé la nation arabe,* dit Huntington, *mais, d'un autre côté, jamais un État panarabe n'a pu se matérialiser. En outre, l'idée d'État-nation souverain est incompatible avec la croyance en la souveraineté d'Allah et la primauté de l'*Umma. *En tant que mouvement révolutionnaire, le fondamentalisme islamique rejette l'État-nation au profit de l'unité de l'islam, tout comme le marxisme le rejetait au profit de l'unité du prolétariat international. La faiblesse de l'État-nation dans l'islam s'exprime aussi dans le fait que de nombreux conflits ont eu lieu entre groupes musulmans après la Seconde Guerre mondiale, alors que les guerres majeures entre États musulmans ont été rares, la plus importante ayant impliqué l'Irak qui a envahi ses voisins. »*

Les communications modernes facteur d'unité musulmane

Depuis les années 60, l'identification du monde musulman à la civilisation islamique prise comme un tout a progressé. La décolonisation, la croissance démographique, l'industrialisation, l'urbanisation et les modifications de l'ordre économique international associées à la richesse pétrolière des pays musulmans ont développé la conscience identitaire musulmane. Les communications modernes ont resserré les liens entre *croyants*. Le boom des pèlerins à La Mecque a cristallisé une identité commune, de la Chine au Sénégal, du Yémen au Bangladesh. Des cohortes d'étudiants originaires d'Indonésie, de Malaisie, du sud des Philippines et d'Afrique, affluent dans les universités du Moyen-Orient, d'où irradient les idées et les contacts personnels par-delà les frontières nationales. Des conférences et des colloques entre intellectuels musulmans et oulémas (théologiens) se multiplient dans des centres comme La Mecque et Kuala Lampur. Internet et les réseaux sociaux donnent aux prédicateurs influents une portée internationale, bien au-delà de leur communauté locale.

La progression de la conscience musulmane unitaire a engendré des organisations internationales islamiques. Dès 1969, les dirigeants saoudiens, pakistanais, marocains, iraniens, organisèrent le premier sommet islamique de Rabat, d'où naquit en 1972 l'Organisation de la coopération islamique (OCI), siégeant à Djedda. Tous les États à forte population musulmane y siègent. En outre, le Pakistan créa le Congrès musulman mondial, l'Arabie Saoudite la Ligue mondiale musulmane.

La Turquie profilée pour être l'État phare de l'islam

Les Occidentaux pointent les nombreuses divisions passées et actuelles du monde musulman. Les guerres de Syrie, du Yémen et de Libye, le différend algéro-marocain sur le Sahara occidental, l'antagonisme sunnite-chiite (très profond) au Moyen-Orient en sont des exemples actuels. Mais sous le califat ottoman, l'unité ne fut jamais absolue. De temps à autre naissaient des conflits internes. Pour qu'une partie au moins du monde musulman parachève le processus unitaire déjà entamé, il lui faut un État phare.

Chaque civilisation s'organise autour d'un ou plusieurs États phares aimantant les autres États de son aire.

*« Le concept d'*Umma, explique Huntington, *présuppose que l'État-nation n'est pas légitime, et pourtant l'*Umma *ne peut être unifiée que sous l'action d'au moins un État phare puissant qui fait actuellement défaut. L'idée de l'islam comme communauté politico-religieuse unifiée a signifié que les États phares se matérialisaient dans le passé seulement lorsque les suprématies religieuses et politiques (le califat et le sultanat) étaient combinées en une seule identité gouvernante. La conquête arabe rapide de l'Afrique du Nord et du Moyen-Orient au VIIe siècle a culminé dans le califat omeyyade qui avait pour capitale Damas. Il a été suivi au VIIIe siècle par le califat abbasside, basé à Damas et sous influence perse, et par les califats secondaires apparus au Caire et à Cordoue au Xe siècle. Quatre cents ans plus tard, les Turcs ottomans se sont étendus à travers le Moyen-Orient, prenant Constantinople en 1453 et établissant un nouveau califat en 1517. Presque en même temps, d'autres Turcs ont envahi l'Inde et formé l'Empire moghol. »*

L'ascension de l'Occident a affaibli les Empires ottoman et moghol. La fin du premier a laissé l'islam sans État phare. Les puissances occidentales dépecèrent ses territoires, laissant derrière elles des États fragiles bâtis sur le modèle occidental étranger aux traditions de l'islam. Pendant le XXe siècle, aucun pays musulman ne fut assez puissant et légitime culturellement et religieusement pour devenir le chef de file de l'islam et être accepté comme tel par les autres États islamiques et les pays non islamiques.

Huntington précise : « *Un État phare islamique doit posséder les ressources économiques, la puissance militaire, les compétences d'organisation et l'identité et l'engagement islamiques pour conférer à l'*Umma *une suprématie politique et religieuse.* »

Six États musulmans sont en lice. La Turquie, l'Iran, l'Indonésie, le Pakistan, l'Égypte, l'Arabie Saoudite. Seule la Turquie réunit toutes les conditions : la religion sunnite (85 % du monde musulman), la superficie (783 562 kilomètres carrés), l'importance démographique (83 millions d'habitants) et économique, la situation centrale et stratégique de son territoire. Sans oublier la légitimité historique héritée de son prestigieux passé ottoman. En outre la Turquie bénéficie d'une solide cohésion nationale, malgré un irrédentisme pugnace au Kurdistan turc, occupé par l'armée depuis le coup d'État de 1980. Ses traditions et ses compétences militaires multiséculaires plaident aussi pour elle.

Erdogan a rendu son prestige religieux à la Turquie

Cependant, la candidature turque au rôle d'État phare de l'islam était, jusqu'à des temps récents, grevée par un lourd handicap : celui d'être un État laïque. Le kémalisme, imposant à la Turquie non seulement la modernité, mais aussi les valeurs de la civilisation occidentale, notamment celles de la laïcité (quoique sur un mode restreint), en avait fait un pays *« déchiré »*, selon l'expression du professeur Huntington, entre deux systèmes de valeurs. À l'instar de la Russie, elle-même *« déchirée »* entre les valeurs slaves et européennes. Mais la laïcité turque étant agonisante, l'obstacle se lève. La Turquie s'identifie de plus en plus au monde musulman, de moins en moins à l'Occident. Son charismatique Président Erdogan réislamise l'image de la Turquie en terre d'islam. Il la débarrasse de son étiquette de pays *« apostat »* ayant pactisé avec l'Occident contre l'islam. Contrairement à ce que s'imaginent les Occidentaux, le despotisme laïc de Kemal Atatürk l'avait rendu impopulaire auprès des peuples musulmans. Il avait heurté l'âme des *croyants* dont la foi est la boussole. Les livres des Frères musulmans le disaient « *vendu aux juifs et aux francs-maçons* ».

L'avantage du riche passé ottoman

La levée de l'hypothèque kémaliste place la Turquie en position d'être l'État phare du monde musulman. D'autant plus qu'elle a des liens historiques avec les musulmans d'Afrique du Nord, du Moyen-Orient, des Balkans et d'Asie centrale, qui tous furent inféodés à l'Empire ottoman. Les turcophones des Balkans et d'Asie centrale se sentent des affinités électives avec la Turquie. Celle-ci cultive ses relations avec les peuples ouralo-altaïques d'Asie centrale, de langue turque, animés par un esprit panturc ou panouranien dû à une commune origine ethnique : à partir du XIe siècle, le peuplement du territoire turc a largement été assuré par les invasions turco-mongoles, qui submergèrent les indigènes installés depuis l'antiquité, comme les Grecs d'Asie Mineure. Les islamistes turcs déploient également leur propagande panturque auprès des musulmans de Crimée, de la Volga et de Sibérie. Certains rêvent de reconquérir l'ensemble de la Russie. Celle-ci avait subi pendant trois siècles le joug des musulmans. L'incendie de Moscou en 1382 par les Tatars de la Horde d'or resta gravé dans la mémoire russe. Il fallut toute la pugnacité d'Ivan IV, dit « *le Terrible* », pour libérer la Russie, grâce à sa victoire de Kazan sur les Tartares en 1552. Les intégristes islamistes les plus exaltés, n'acceptant pas cette défaite pourtant si ancienne, entendent faire retomber la Russie sous influence musulmane. Ainsi, la Turquie, ce n'est pas seulement 83 millions de Turcs, c'est aussi l'ensemble du glacis turco-mongol : des Balkans à la province chinoise du Xinjiang, ces peuples tournent leurs regards vers la Turquie, porte-étendard de l'islam.

Le prestige historique de la Turquie la désigne pour le rôle de leader de l'islam. L'empereur ottoman Soliman le Magnifique est dans toutes les mémoires musulmanes. Son long règne (1520-1566) marqua l'apogée de la puissance turque et de la civilisation ottomane. Soliman était un esprit brillant, maîtrisant l'arabe pour la religion, le persan pour les belles lettres dont il était très féru, et le turc pour l'administration. Stratège militaire de talent, il prit Belgrade, Rhodes et la Hongrie en 1526. Combattant ses ennemis héréditaires, les Habsbourg, il fit le siège de Vienne en 1529. Le souverain turc ne réussit pas à cueillir la *« Pomme d'or »,* mais l'Europe avait tremblé. Soliman le Magnifique enleva Tunis aux Espagnols en 1534, et Aden aux Yéménites en 1538. L'Empire ottoman ne cessa pas de menacer l'Europe pendant des siècles. Les Turcs firent une seconde fois le siège de Vienne en 1683. Ce fut à nouveau un échec, mais pour l'Europe l'alerte avait été chaude, une fois de plus. L'approche des Turcs provoquait un climat de terreur rappelant celui qu'avaient engendré jadis leurs cousins des hordes d'Attila. Leur réputation d'extrême cruauté, parfaitement justifiée, précédait chacun de leurs mouvements.

À partir du XVIe siècle, les Ottomans turcs dominèrent le plus important État musulman du monde, qui perdura jusqu'au premier quart du XXe siècle. Mais dès le XVIIIe siècle, l'Empire ottoman déclina rapidement, sclérosé par les oulémas qui refusaient la modernité, fermant la porte aux sciences et techniques européennes. La Sublime Porte naufragea sous les coups du colonialisme européen et de l'expansionnisme russe vers les mers chaudes.

Cette vocation impériale ottomane qui avait périclité à cause du caractère étouffant du conservatisme religieux musulman est maintenant fouettée par le retour de l'islam en Turquie. Celle-ci puise dans le fondamentalisme islamique un carburant hautement énergétique pour elle-même et les peuples turcophones. Son prestige s'étend même bien au-delà : tous les intégristes islamistes vantent le rôle politique et militaire historique des Turcs, guerriers de la foi et soutiens de l'islam sunnite orthodoxe. Un rôle reconnu dès 1055, quand le calife abbasside conféra pour la première fois le titre de sultan (détenteur de l'autorité politique) au Grand Seldjoukide Toghroul. À partir de cette date, l'hégémonie dynastique turque s'étendit progressivement des Balkans au Turkestan. Le Maroc, le centre et le sud de la péninsule arabique, et l'Afghanistan, furent les seuls, ou presque, à échapper à ce phénomène historique.

La Turquie, qui a vocation à fédérer les peuples turcophones, sera un môle de puissance au sein du monde musulman, dont elle aimantera la partie restante, notamment au Proche-Orient et au Maghreb. Les États intégristes de ces régions s'inféoderont tout naturellement à ce nouvel Empire ottoman. Les musulmans d'Asie (Pakistan, Indonésie Malaisie, Philippines) suivront le mouvement à distance. Bien sûr, les dissensions ne disparaîtront pas. Le monde chiite se maintiendra à l'extérieur de cette constellation. Ce ne sera pas monolithique.

Le retour de la vocation impériale

Le nouvel Empire ottoman trouvera des *modus vivendi* souples avec les États musulmans devenus intégristes, comme il en avait pris l'habitude du temps de sa splendeur. La structure impériale, qui n'est pas celle, centralisatrice et niveleuse, de l'État-nation, tolère les particularismes locaux. Le ciment, c'est l'esprit musulman de la communauté religieuse (*Umma*). L'édification de cette structure impériale sera facilitée par l'extrême fragilité de la plupart des États du monde musulman, notamment dans sa partie arabe, menacés d'éclatement par de multiples irrédentismes, et par la venue au pouvoir, tôt ou tard, des fondamentalistes islamiques du crû, à la faveur des développements de la crise économique et financière mondiale qui s'annonce.

Un leader turc charismatique a émergé de la vague islamiste : Erdogan. Ce personnage hors du commun pourrait être le Grand Calife que réclamera le renouveau de l'islam. Par sa piété et son génie politique, Erdogan incarne déjà aux yeux de nombreux musulmans à la fois le Religieux et le Politique, le guide spirituel et l'homme d'État, le calife et le sultan, à l'instar des compagnons du Prophète. Immense est le prestige de ce leader charismatique adossé à la religion et non plus à la laïcité, contrairement à Kemal Atatürk, Gamal Abdel Nasser, Saddam Hussein, Hafez et Bachar el-Assad ou Habib Bourguiba. Même si Erdogan subit actuellement une forte baisse de popularité en Turquie, il est devenu une figure de proue du monde musulman, qui voit en lui son champion lancé à l'assaut de l'Europe. Erdogan, l'homme d'État inspiré, redonne fierté aux foules musulmanes. Il a déjà conquis une place de premier plan dans l'Histoire, qui se plaît à faire surgir des personnages d'exception dans les périodes d'exception.

Le soft power *turc dans le monde musulman*

Le *soft power* turc se déploie dans le monde musulman. Notamment par le déferlement de feuilletons télévisés produits en Turquie, qui mettent en scène l'épopée héroïque des grands Ottomans comme Mehmet II ou Soliman le Magnifique. Les cheminements pacifiques de la création littéraire, architecturale et artistique ayant forgé le patrimoine culturel ottoman n'y sont guère traités. Non, ce qui est proposé à l'admiration des foules, ce sont les exploits guerriers, le fracas des champs de bataille, l'ivresse des victoires militaires, la soumission des vaincus… Ces œuvres audiovisuelles pleines de fureur et d'orgueil font un tabac auprès du public turc, mais aussi des foules musulmanes à l'étranger. L'esprit de revanche sur l'Occident nourrit cet engouement phénoménal. Résolument manichéens, les scénarios montrent les «*juifs et les croisés*» comme étant cupides, menteurs, traîtres, lâches… Réfractaires à toute élévation morale et spirituelle, ces «*infidèles*» n'ont jamais le beau rôle. Les téléspectateurs non turcs vibrent aux exploits guerriers de l'Empire ottoman en oubliant les sévices qu'il leur avait infligés quand il les tenait sous sa botte. Ce qui exalte ce public aujourd'hui, c'est un esprit de revanche sur l'Occident mêlé de fascination pour lui.

Lorsqu'Erdogan humilie un dirigeant occidental par un acte hostile ou des propos insultants, il est très applaudi dans le monde musulman. De l'Atlantique au Pacifique, les *croyants* se sentent représentés par lui dans ces moments-là. À chacun de ses déplacements en terre d'islam, les multitudes viennent l'acclamer. Il est leur héros, celui qui tient la dragée haute à l'Occident. Cela en dit long sur le mécanisme d'attraction-répulsion qui gouverne la psyché collective arabo-musulmane vis-à-vis de cet Occident dont la suzeraineté se substitua à celle de l'Empire ottoman. Cet Occident dispensateur de science et de technologie salvatrices, mais aussi de subversion culturelle et spirituelle. Cet Occident mécréant qui répand de façon blasphématoire la théorie darwinienne de l'évolution au lieu d'admettre qu'Allah a façonné de la tête aux pieds le premier homme, Adam, en sa forme définitive. Il est vrai que le monde arabo-musulman ne détient pas le monopole de cette attraction-répulsion. Par exemple elle est aussi le fait de la Chine, bien que sur des bases non religieuses. L'Occident est sur le banc des accusés au tribunal planétaire.

Le rebattage des cartes par la crise économique et financière mondiale

L'inexorable venue d'une crise économique et financière mondiale disloquera les États les plus fragiles du monde musulman (comme ceux d'ailleurs). Ils ne résisteront pas à une telle épreuve. Ils seront livrés aux affrontements tribaux et à la mainmise des intégristes islamistes. La déception vis-à-vis des États incitera les foules musulmanes à réclamer le retour de l'*Umma*, la communauté des *croyants,* sous l'égide d'un État phare. Une fois sous l'emprise islamiste, les dépouilles des États du monde musulman s'agrégeront autour de l'État phare de la civilisation musulmane, la Turquie, sous l'autorité politique et religieuse d'un Calife. Ce sera Erdogan ou bien l'un de ses épigones.

Chapitre III

Les guerres impériales d'Erdogan

Erdogan enchaîne les provocations et les conflits sur la scène internationale pour détourner l'attention de l'opinion publique turque des difficultés internes. Et pour mettre en œuvre un impérialisme d'inspiration néo-ottomane.

L'échéance électorale de 2023

Comme à l'accoutumée, Erdogan a l'œil rivé sur le prochain obstacle à son maintien au pouvoir. C'est l'élection présidentielle de juin 2023. «*Pas question d'un scrutin anticipé*», a-t-il annoncé. De quoi se laisser le temps de se retourner… En effet pour le moment ça se présente très mal pour lui. L'économie turque s'enfonce dans une crise qui avait commencé avant la pandémie de Covid 19, mais que celle-ci exacerbe. La livre turque est gravement secouée sur les marchés financiers. L'inflation débridée anéantit le pouvoir d'achat des classes populaires. Le chômage s'emballe. Les investisseurs étrangers se retirent. Au «*shoot*» de l'euphorie économique qui avait mis si longtemps l'AKP en lévitation électorale a succédé un «*flip*» vertigineux. Les manifestations étudiantes se succèdent. La colère gronde.

Les sondages ne donnent que 30 % d'opinions favorables à l'hyper-Président.

Mais le renoncement ne fait pas partie de sa psychologie. Cet homme âgé de 67 ans aujourd'hui ne considère pas que l'échéance de 2023 pourrait sonner l'heure d'une retraite bien méritée clôturant une carrière politique hors du commun. Il y a tant de grandes commémorations en vue ! Le 24 juillet 2023, ce sera le centenaire du traité de Lausanne qui rectifia celui de Sèvres datant de 1920, mais en promulguant tellement de clauses iniques à l'encontre de la Turquie. Le 29 octobre 2023, le pays célébrera le centenaire de la fondation de la République de Turquie par Kemal Atatürk. Et puis, Erdogan ne compte pas laisser en jachère un projet qui lui tient particulièrement à cœur : le rétablissement du califat ottoman aboli le 3 mars 1924 par Kemal Atatürk. Il s'agirait à la fois d'une fonction religieuse, consistant en un magistère spirituel sur la communauté islamique (*Umma*) et politique, appliquée à la Turquie et ses satellites.

Les Occidentaux pensent qu'Erdogan surjoue sa foi religieuse à des fins politiques. Qu'elle en soit l'instrument, c'est indéniable. Elle n'en est pas moins profonde et sincère, venue de son enfance à Kasimpasa quand « *l'imam Beckenbauer* » hantait les mosquées et les stades de foot. Aussi la dimension religieuse d'un califat ottoman restauré le comblerait-elle, lui qui disait « *Je suis l'imam d'Istanbul* » quand il était le maire de cette ville. Le goût de l'argent, tard venu, n'a pas altéré sa foi. Erdogan n'est pas un protestant américain.

Et puis il ne supporte pas l'idée qu'un kémaliste comme Imamoglu ou Yavas lui succède à l'hyper-Présidence confectionnée sur mesure pour son usage personnel tandis qu'il taillerait ses rosiers. Tant qu'il aura la santé, il se battra. Seules la mort ou une maladie gravissime l'en empêcheraient.

Erdogan cherche le salut politique dans la fuite en avant. Il booste son programme néo-ottoman d'expansion impériale. Il enchaîne les provocations. Jusqu'où ira-t-il ? Fidèle à lui-même, il pourrait entraîner la Turquie dans un grave conflit international avant le rendez-vous électoral de 2023. Il reporterait *sine die* cette échéance au motif que la patrie est en danger. Il enfermerait le pays dans une camisole plus serrée encore qu'elle n'est aujourd'hui. En temps de guerre, on réprime les manifestations étudiantes à la mitrailleuse. Les traîtres, on les fusille. On éteint la contestation par la prison et la torture. Concernant la défense des droits de l'homme, on ne cherche même plus à faire semblant. En temps de guerre, on ne se gêne plus du tout.

Une politique étrangère islamo-nationaliste en héritage

La politique étrangère islamo-nationaliste que mène Erdogan n'est pas fondamentalement novatrice. Elle poursuit, en l'exacerbant, celle des gouvernements précédents, pourtant officiellement laïques. C'était l'une des ambiguïtés majeures de la Turquie. Depuis les années 60, bien avant l'arrivée d'Erdogan au pouvoir, Ankara conduisait une politique étrangère islamo-nationaliste appuyée sur le prosélytisme religieux musulman à l'étranger, pour étendre l'influence turque. Premier ministre de 1950 à 1960, Adnan Menderes avait utilisé l'islam à cet effet. Il fut le premier grand fossoyeur de la laïcité turque en politique étrangère. Ses successeurs renforcèrent cette pratique. Toute gardienne de la laïcité qu'elle fût, l'armée ne voyait pas d'inconvénients à cette islamisation puisqu'elle se déployait à l'extérieur du territoire national et au bénéfice des ambitions hégémoniques de la Turquie. Dans les années 60, la Turquie a commencé à joindre ses efforts à ceux de l'Arabie Saoudite et du Pakistan pour réislamiser la *« ceinture verte »* allant des Balkans à la province musulmane du Xinjiang en Chine, en passant par le Caucase et les régions musulmanes de la Fédération de Russie.

Outil principal de cette politique islamo-nationaliste : le ministère des Affaires religieuses (le *Diyanet*), qui finance la construction de mosquées et pensionne des imams dans les pays visés. La Turquie y encourage les activités culturelles d'inspiration islamique, aide à la mise sur pied et au développement de mouvements prônant un islam fondamentaliste.

À partir des années 60, la Turquie a rejoint les organisations interétatiques musulmanes

La mise en œuvre brutale de sa politique laïcisante par Kemal Atatürk, qui d'emblée abolit le sultanat et le califat, lui avait valu une réputation d'apostat dans le monde musulman. Retranchée de celui-ci par l'épisode kémaliste, la Turquie a commencé il y a plus de trente ans à y reprendre sa place. Dans les années soixante, la Turquie s'est rapprochée de l'islam, en s'impliquant dans des organisations islamiques internationales, dont elle reçut d'importants appuis en retour. Ainsi, lors du Congrès mondial musulman réuni à Mogadiscio en décembre 1964 et janvier 1965, les *« États frères »* votèrent une résolution favorable aux thèses mises en avant par la Turquie dans le litige l'opposant aux Chypriotes. L'OCI ne manquera pas de rappeler cette position à chacune de ses réunions. De même, la Turquie apporta son soutien à l'OLP, votant à l'ONU pour les résolutions condamnant l'occupation des territoires arabes par Israël et prônant une reconnaissance de l'organisation palestinienne, qui ouvrit un bureau à Ankara en 1975. Les accords de coopération militaires signés par Israël et la Turquie en 1996 n'empêchèrent pas cette dernière de continuer à dénoncer les implantations israéliennes dans les territoires occupés.

La Turquie « laïque » a adhéré en 1976 à l'Organisation de la Conférence Islamique (OCI) : cette organisation créée en 1969 à l'initiative de l'Arabie Saoudite regroupe 57 États appartenant tous au monde musulman. En 1990, l'OCI vota une *Déclaration du Caire sur les droits de l'homme en Islam,* fondée sur la *charia*, incompatible avec la *Déclaration universelle des droits de l'homme* de 1948. Ainsi l'article 5, alinéa a, traitant du mariage, stipule : *« Aucune entrave relevant de la race, de la couleur ou de la nationalité ne doit empêcher de jouir de ce droit »*. Mais la religion, elle, n'est pas évoquée dans cet alinéa a. Pour cause : la *Charia* interdit à une musulmane de se marier avec un non-musulman. De même, aucun article de la Déclaration ne mentionne la liberté de croyance ou la liberté de manifester sa religion. L'article 10 explique seulement qu'*« aucune forme de contrainte ne doit être exercée sur l'homme pour l'obliger à renoncer à sa religion... »* L'article 12 confirme la liberté de l'homme *« de circuler et de choisir son lieu de résidence à l'intérieur de son pays »*, mais à condition de respecter les règles de la *Charia*. Ce même article affirme : *« Le pays d'accueil se doit de lui accorder asile et d'assister sa sécurité, sauf si son exil est motivé par un crime qu'il aurait commis en infractions aux dispositions de la Charia »*. Les articles 24 et 25 précisent que les droits et les libertés énoncés dans la Déclaration *« sont soumis aux dispositions de la Charia »* et que cette dernière est *« l'unique référence pour l'explication ou l'interprétation de l'un des quelconques articles contenus »* dans la

Déclaration. C'est dans la même veine que, de sommet en sommet, l'OCI lança contre Israël des anathèmes à connotation anti-occidentale et judéophobe. Tout cela aurait dû convaincre les dirigeants européens d'édicter une incompatibilité entre l'appartenance à l'OCI et la candidature à l'entrée dans l'Union européenne.

Les valeurs anti-occidentales et judéophobes inspirant l'OCI ont progressivement irrigué les médias turcs au cours des années 90. Déjà, à l'époque, quantité de feuilletons télévisés, de livres et de vidéocassettes exaltaient les héros de l'islam, comme Saladin, en stigmatisant haineusement *« les Juifs et les croisés », « les impurs, les infidèles ». « Mein Kampf »* était en vente libre dans les librairies. L'anti-occidentalisme et la judéophobie des médias turcs grandissaient à l'unisson de ceux d'autres pays musulmans comme le Pakistan ou l'Égypte. Ce sentiment était charrié par la montée du fondamentalisme islamique dans l'ensemble du monde musulman.

Le gouvernement Erdogan poursuit sur la trajectoire islamo-nationaliste initiée par ses prédécesseurs en accentuant l'orientation islamiste.

Lune de miel turco-syrienne

De 2002 à 2010 avait brillé une lune de miel turco-syrienne. Les relations entre Bachar el-Assad et Erdogan étaient bonnes. Emine, l'épouse du dirigeant turc, avait beaucoup sympathisé avec celle du Président syrien, la jolie Asma. Les accords d'Adama, signés par les deux pays en 1998, du temps d'Hafez el-Assad, avaient pacifié leurs relations puisque la Syrie s'était engagée à retirer son soutien au PKK. Cela tranchait sur l'aide au long cours qu'elle avait fournie, depuis les années 80 sous influence soviétique, aux organisations de gauche notamment kurdes agissant en Turquie. Les accords d'Adama avaient mis fin à une crise devenue aiguë entre Ankara et Damas ayant failli déboucher sur un affrontement armé.

L'année suivante, le chef du PKK, Abdullah Öcalan, avait été expulsé de Syrie où il vivait depuis 1984 sous la protection des services de renseignement syriens. Après une cavale éperdue, il avait été capturé au Kenya, ramené en Turquie et incarcéré. Il l'est toujours. Le litige Öcalan était résolu. La coopération turco-syrienne pouvait se déployer. En 2004, des accords de libre-échange avaient réduit de moitié les droits de douane. Les Turcs avaient massivement investi en Syrie.

Bien sûr, il restait des pommes de discorde. La question du partage des eaux du Tigre et de l'Euphrate était aussi ancienne que lancinante. Le « *Grand projet pour l'Anatolie du Sud-est* » (GAP) prévoyant la construction de 22 barrages hydrauliques pour développer la région frontalière kurde ne manquerait pas d'atrophier les rendements agricoles syriens en aval. Et puis, il y avait cet encombrant Kurdistan syrien au nord-est du pays. Damas lui concédait une certaine autonomie, ce qui exerçait un effet d'émulation sur les Kurdes de Turquie.

Rupture entre la Turquie et la Syrie

Mais enfin, les relations entre la Turquie et la Syrie étaient bonnes quand, en avril 2011, débuta la rébellion contre le régime de Bachar el-Assad. Celui-ci s'engagea dans une violente répression qui déplut fortement à son homologue turc. Les échanges entre les deux pays tournèrent au vinaigre. Le 21 avril, la Turquie prit des sanctions contre la Syrie. Fin avril, elle réitéra officiellement l'expression de son inquiétude face à l'intensité de la répression syrienne. La prolongation de cette crise politique installait un chaos préjudiciable aux intérêts économiques de la Turquie en Syrie. Ses investisseurs essuyaient des pertes considérables.

Erdogan estima que le régime de Bachar el-Assad était condamné à court terme. Il paria sur la victoire de l'opposition, qui lui ouvrirait de nouvelles perspectives en Syrie. En juin, la Turquie organisa une réunion d'opposants syriens sur son territoire. En août, Ahmet Davutoglu, le jovial ministre des Affaires étrangères, fut dépêché à Damas afin de poser un ultimatum à Bachar el-Assad. Celui-ci passant outre, la rupture fut consommée.

Complaisance turque vis-à-vis des djihadistes

Ankara soutint l'insurrection. Le Conseil national syrien, son instance dirigeante officielle, fut lancé en octobre à Istanbul. Un premier camp de l'Armée syrienne libre (ASL) fut installé en Turquie. Celle-ci fournissait armes, munitions et argent à l'insurrection dont elle soignait les blessés dans ses hôpitaux. Elle chouchoutait sa composante djihadiste. Elle était en affinité idéologique avec Erdogan. Elle éclipsa rapidement les autres tendances politiques de la rébellion. Le Premier ministre turc considérait en outre que leur fanatisme rendait ces milices islamistes très efficaces dans les combats contre l'armée de Bachar el-Assad.

La complaisance de la Turquie vis-à-vis de l'État islamique (EI) fut évidente jusqu'en 2015. Elle était son principal acheteur de coton et de pétrole, par l'intermédiaire d'un réseau de contrebandiers qu'elle protégeait. Une noria interrompue de camions-citernes transportait le pétrole des sites d'extraction syriens tenus par l'EI jusqu'à la frontière turque. Il fallut attendre l'entrée de l'armée russe sur le théâtre des opérations syrien pour qu'un raid de ses chasseurs bombardiers détruisît cette colonne. Toutefois, en juin 2014, Ankara, cédant à diverses pressions, sacrifia au formalisme diplomatique en inscrivant dans la liste des organisations terroristes l'EI et le Front al-Nosra. De celui-ci, tout aussi islamiste et cruel que l'EI, Laurent Fabius, alors ministre des Affaires étrangères dit qu'il faisait «*du bon boulot*».

Dans cette guerre de Syrie, la terreur d'Ankara, c'était la formation d'un Kurdistan syrien autonome tenu par le Parti de l'Union démocratique (*Partiya Yekîtiya Democrat*, PYD) et sa branche armée, les Unités de protection du peuple (*Yêkineyên Parastina Gel*, YPG), tous deux liés au PKK. La Turquie réclamait aux Américains, qui la lui refusaient, une zone tampon et une zone d'exclusion aérienne au nord de la Syrie.

En 2015, la Turquie avait indisposé les Arabes, et les Occidentaux pour ses collusions avec les djihadistes et son hostilité aux YPG qui combattaient victorieusement l'EI et les autres groupes armés islamistes. La Turquie avait aussi exaspéré les Russes quand, le 24 novembre, un groupe djihadiste qui lui était inféodé abattit l'un de leurs chasseurs-bombardiers ayant brièvement survolé son territoire. Le pilote fut tué et le navigateur libéré par un commando russe qui perdit un homme dans l'action. Poutine avait accusé Erdogan de coopérer avec les terroristes de Daech, ce qui était exact. Il avait pris des mesures de rétorsion commerciale contre la Turquie. La crise turco-russe avait pris fin le 29 juin 2016 après que Poutine et Erdogan se fussent rencontrés à Saint-Pétersbourg. Ankara avait formulé des regrets pour l'avion russe abattu et reconnu que Bachar el-Assad était un acteur politique à prendre en considération. La coopération économique et énergétique entre la Russie et la Turquie avait repris son cours normal.

Offensives turques sur la Syrie

À partir de 2016, la Turquie lança une série d'attaques en Syrie. L'opération Bouclier de l'Euphrate écarta l'EI de sa frontière et empêcha les YPG d'établir une continuité territoriale avec les différents cantons de la région fédérale kurde du Rojava proclamée le 17 mars 2016. La Turquie établit ainsi une zone tampon à partir de sa frontière. Après la fin de l'opération, le 27 mars 2017, l'armée turque resta sur les lieux. En octobre de la même année, elle entra dans le gouvernorat d'Idleb, zone refuge des djihadistes fuyant l'avancée des YPG, pour y installer des postes d'observation militaires chargés de veiller au cessez-le-feu.

Le 14 janvier 2018, la coalition internationale menée par les USA annonça son intention de créer avec les Forces démocratiques syriennes (FDS) dominées par les combattants kurdes YPG, une «*force de sécurité aux frontières*» de 30 000 hommes au nord de la Syrie. Erdogan fut ivre de colère. En réaction, mais non sans l'autorisation préalable de Moscou qui retira obligeamment ses troupes, l'armée turque et l'Armée syrienne libre (ASL), où prévalaient les djihadistes et des Loups gris, attaquèrent, au nord-ouest de la Syrie. Ce fut l'opération Rameaux d'olivier. Le 18 mars, après de rudes combats, les Turcs et les rebelles syriens finirent par s'emparer d'Afrine, désertée par les habitants et les combattants kurdes à bout de forces. Le gouvernement turc annonça son intention de poursuivre l'offensive pour conquérir Manbij et d'autres localités environnantes. Mais là, Washington mit son veto. L'enfreindre, c'était se mesurer à l'armée américaine. Erdogan s'en garda prudemment. Il s'arrangea avec Washington pour mettre en place des patrouilles américano-turques dans la région de Manbij, qui restait sous contrôle kurde.

Le 17 septembre 2018, Erdogan et Poutine signèrent à Sotchi des accords qui prévoyaient une zone démilitarisée de 20 km de large séparant la province d'Idleb dans le nord-ouest de la Syrie, du reste du pays. Erdogan obtenait la sanctuarisation de ce territoire de 3 millions d'habitants, fief du mouvement islamiste Hayat Tahrir Al-Cham (HTC). Ce nid de djihadistes était le dernier espace contrôlé par l'opposition anti-Assad. Les accords prévoyaient toutefois que la Turquie séparerait les combattants de l'opposition syrienne modérée des groupes djihadistes et neutraliserait ces derniers.

Décembre 2018 : Trump jeta un pavé dans la mare en annonçant son intention de retirer les troupes américaines de Syrie dans les trente à cent jours. Incommensurable fut l'émotion parmi ses conseillers et les membres de la coalition. Les héroïques combattants kurdes, qui avaient joué un rôle cardinal dans la lutte contre l'EI et autres formations djihadistes, étaient abandonnés… Le 28 décembre, les YPG éperdus se tournèrent vers Damas, invitant l'armée gouvernementale syrienne à venir se déployer à Manbij pour faire barrage aux Turcs. Ce qu'elle fit le jour même, avec la chaude approbation de Moscou, les troupes américaines étant encore là. Forts du rôle de premier plan joué par leur aviation dans les défaites de l'EI, les Russes étaient devenus les arbitres de la situation en Syrie. Ils favorisaient tantôt l'une, tantôt l'autre des parties prenantes à ces affrontements. Le 2 janvier 2019, l'armée syrienne annonça l'évacuation de 400 combattants kurdes de Manbij pour l'est de l'Euphrate.

Retrait américain, déferlement turc

6 octobre 2019 : sans prévenir l'OTAN ni les Kurdes, Trump fit sa seconde annonce de retrait des troupes

américaines de Syrie. Il fit part de sa volonté « *de sortir de ces guerres ridicules et sans fin, dont beaucoup sont tribales* ». Bouillant d'impatience, Ankara proclamait *urbi et orbi* son intention de lancer une vaste opération militaire en Syrie. Voilà que Washington lui dégageait la route. Le 7 octobre, les soldats américains se retirèrent de postes situés près de la frontière. Quatre-vingt mille soldats turcs étaient massés de l'autre côté, en compagnie de plusieurs dizaines de milliers de rebelles de l'Armée nationale syrienne (ANS) formant l'infanterie. Il y avait là une kyrielle de formations djihadistes, un vaste échantillonnage d'égorgeurs : Division Sultan Mourad, Division al-Hamza, Faylaq al-Cham, Ahrar al-Charkyia, Jaich al-Charkyia, Lywa Sultan Souleylan chah…

Le 9 octobre, le président Erdogan annonça dans l'après-midi que l'armée turque lançait l'opération militaire « Source de paix ». Le président américain déclara : « *Ce matin, la Turquie, membre de l'OTAN, a envahi la Syrie. Les États-Unis ne soutiennent pas cette attaque et ont clairement indiqué à la Turquie que cette opération était une mauvaise idée.* » Belle tartufferie.

La formidable armée turque et ses auxiliaires djihadistes fondirent sur la partie nord du Rojava, tenue par les Forces démocratiques syriennes. Le retrait américain avait été le préalable nécessaire. Objectif : créer une « *zone de sécurité* » dont les YPG seraient bannis. Ankara comptait y installer des réfugiés syriens hébergés en Turquie. On remplace les Kurdes par des Arabes. C'est du nettoyage ethnique.

Le rouleau compresseur turc prit rapidement le contrôle d'un territoire long de 120 km et profond de 30 km. La Russie siffla la fin de la partie. Erdogan se rendit une fois de plus à Sotchi où Poutine lui força la main pour signer le 22 octobre 2019 un accord de cessez-le-feu. Ankara obtenait une «*zone de sécurité*» frontalière de 30 km en territoire syrien. Les YPG devaient quitter rapidement cette zone. Des patrouilles turco-russes s'en assureraient. Les YPG devraient également quitter Mambij, désormais nœud commercial du nord de la Syrie, et Tal Rifaat. Il était convenu qu'Erdogan renvoie les réfugiés syriens chez eux, sans plus de précisions. Quant à la présence militaire américaine, elle se cantonna aux précieux champs pétrolifères de Deir Ezzor et à la frontière irakienne jusqu'à al-Tarif au sud.

Ces événements mirent Emmanuel Macron en colère. Début novembre 2019, il tint des propos qui eurent un retentissement mondial dans une interview à l'hebdomadaire britannique *The Economist*: «*Ce qu'on est en train de vivre, c'est la mort cérébrale de l'OTAN.* [...] *Vous n'avez aucune coordination de la décision stratégique des États-Unis avec les partenaires européens de l'OTAN et nous assistons à une agression d'un autre partenaire de l'OTAN, la Turquie, dans une zone où nos intérêts sont en jeu, sans coordination. Ce qui s'est passé est un énorme problème pour l'OTAN.* »

Erdogan répondit de façon très insultante au Président français: «*Fais d'abord examiner ta propre mort cérébrale. Ces déclarations ne siéent qu'à ceux dans ton genre qui sont en état de mort cérébrale.* »

En fait, plutôt qu'en état de mort cérébrale, l'OTAN est en état de démence. Les États-Unis la maintiennent dans une hostilité forcenée à la Russie. Dans son interview à *The Economist*, le Président français appelait fort judicieusement à «*rouvrir un dialogue stratégique, sans naïveté aucune et qui prendra du temps, avec la Russie.* » En revanche, son souhait de «*l'Europe de la Défense, une Europe qui doit se doter d'une autonomie stratégique et capacitaire sur le plan militaire*» est actuellement chimérique. Hormis la Grèce, dès que les pays d'Europe ont besoin de renouveler leur aviation, ils se fournissent auprès de l'industrie militaire américaine au lieu d'acheter des Rafale. L'Allemagne ne jure que par l'armée et le parapluie nucléaire américains. La parenthèse de la Covid 19 mise à part, c'est sur le train ordinaire des choses que les dirigeants européens calent leurs décisions. L'émergence d'une Europe de la Défense ne peut résulter que d'une tragédie historique mobilisant l'instinct de survie. La montée des tensions internationales laisse augurer cette tragédie.

Collision militaire turco-syrienne

Le 19 décembre 2019, nouveau rebond dans la guerre civile syrienne. L'armée syrienne lança une offensive dans le sud-est du gouvernorat d'Idleb et l'ouest du gouvernorat d'Alep contre les forces de l'opposition syrienne constituées principalement des égorgeurs de Hayat Tahrir al-Cham et autres rebelles islamistes. Damas nomma cette opération Aube Idleb 2.

Les troupes loyalistes s'emparèrent de Maarat al-Nouman le 29 janvier 2020, puis de Sarabeq le 8 février. Le 11, elles s'assurèrent du contrôle total de l'autoroute M5, axe économiquement vital reliant Alep à Damas. C'était la première fois depuis 2012. Le 16 février, elles dégagèrent la périphérie ouest d'Alep, capitale économique de la Syrie. Sarabeq fut perdue puis reconquise.

Les victoires de l'armée de Bachar el-Assad, appuyée par les milices du Hezbollah, les pasdarans iraniens et l'aviation russe, finirent par entraîner une collision avec les forces turques présentes depuis octobre 2017 dans la région d'Idleb. Celles-ci y tenaient des postes d'observation qui reçurent des renforts. Le 1er mars 2020, Ankara annonça officiellement le déclenchement d'une opération militaire contre l'armée gouvernementale syrienne, baptisée « Bouclier du printemps ».

Le choc turco-syrien devenait frontal

Dans sa déclaration de guerre, la Turquie avait précisé qu'elle n'avait « *ni l'intention ni l'envie d'entrer dans une confrontation avec la Russie.* » Certes, mais Ankara venait d'installer une dangereuse tension avec Moscou en agressant directement son allié syrien. Cette situation était inédite depuis le rapprochement diplomatique des deux pays en 2016 et la conclusion des accords de Sotchi de 2017.

Pendant que les opérations militaires mettant aux prises les armées turque et syrienne faisaient rage, Erdogan invectivait Moscou, l'accusant de « *prendre part au massacre des civils* » à cause des bombardements de son aviation. Toutefois il n'insultait pas Poutine. Il réserve ce traitement aux dirigeants européens, qui sont les paillassons sur lesquels il aime s'essuyer les pieds. La Russie, quant à elle, accusait Ankara de ne pas avoir respecté les accords de Sotchi du 17 septembre 2018 lui faisant obligation d'expurger les djihadistes d'Idleb. Washington proclama son soutien total à son allié turc, se portant *de facto* à la défense des égorgeurs d'Idleb. L'obsession anti-russe l'emportait sur la lutte contre les djihadistes.

Erdogan enrageait de voir que le contrôle du ciel syrien appartenait à l'aviation russe. Il ne pouvait y risquer la sienne. Il se limitait à l'emploi de drones armés Bayraktar TB2 de fabrication turque. L'aviation russe jouait un rôle décisif dans la reconquête menée par Bachar el-Assad.

Essuyant des camouflets sur le terrain, Erdogan joua de tous les registres avec les Occidentaux, alternant menaces au lâcher de réfugiés syriens sur l'Europe et appels à l'aide. Il demandait la mise en place d'une zone d'exclusion aérienne. Il réclamait aux Américains des missiles Patriot.

Finalement, le 5 mars 2020, Erdogan alla piteusement à Moscou. Au terme de six heures de discussion avec Poutine, il annonça un cessez-le-feu à Idleb après minuit. L'accord prévoyait l'établissement de patrouilles russo-turques communes le long de l'autoroute M4 à partir du 15 mars et la mise en place d'un « couloir de sécurité » de 12 km de large le long de cet axe. Bachar el-Assad se déclara satisfait de cet accord. Erdogan avait trouvé son maître en la personne de Poutine.

Toutefois Idleb perdurait en tant que nid d'égorgeurs. Cette province servira de réservoir à mercenaires djihadistes pour les autres guerres d'Erdogan.

Bilan de la guerre civile syrienne

La Russie renversa la table à jeu en intervenant militairement en Syrie à partir du 30 septembre 2015. La puissance de son aviation évita la chute de Bachar el-Assad. Elle s'assura de solides positions en Méditerranée orientale grâce au port de Tartous qu'elle a réaménagé pour sa marine de guerre, et à l'aérodrome militaire d'Hmeimim. Elle a acquis une position surplombante d'arbitre au Moyen-Orient.

Autre gagnant : Bachar el-Assad. Grâce à l'appui aérien russe et au renfort des excellentes troupes que sont les milices du Hezbollah et les Pasdarans iraniens, il a reconquis la grande majorité de son territoire. La rébellion est matée.

Erdogan a obtenu le contrôle d'un morceau de territoire syrien. Mais il est loin d'avoir eu ce qu'il voulait : la chute du régime d'el-Assad, l'installation à Damas d'un pouvoir islamiste sunnite et la mainmise sur le Kurdistan syrien. La Russie l'a puissamment contrecarré. Il choisira de s'allier avec elle et de lui acheter ses ultramodernes missiles S400. Il préférera s'en prendre à la Grèce et à la France au sujet des gisements gaziers de Méditerranée orientale. C'est pour l'instant moins dangereux que d'agresser Poutine.

Les États-Unis ont perdu de leur influence au Moyen-Orient au terme de cette guerre civile syrienne. Eux aussi voulaient la chute du régime d'el-Assad à l'unisson de leurs alliés sunnites du Golfe. C'est raté. La Russie a réduit à son profit leur influence au Moyen-Orient.

La Turquie dans la guerre en Libye

Depuis l'intervention militaire franco-britannique de 2011 épaulée par la 6e flotte américaine, la Libye vit dans le chaos. Cette action militaire fut l'une des plus stupides de l'histoire moderne. La Libye est devenue un hub de clandestins voulant émigrer en Europe, et un chaudron islamiste se déversant sur le Sahel et l'Afrique subsaharienne.

En 2014, un ancien général de Kadhafi, le maréchal Khalifa Haftar, se leva contre le Gouvernement d'accord national (GNA) de Tripoli, dominé par les milices islamistes. En octobre 2018, Moscou envoya les mercenaires de l'agence Wagner, sous-traitante de l'armée russe, pour l'aider. En 2019, Haftar lança une offensive soutenue par les Émirats arabes unis, l'Égypte, l'Arabie Saoudite. Les 1 000 hommes de Wagner firent merveille dans les combats. Voyant le GNA en difficulté, Erdogan lui envoya des renforts djihadistes pour muscler sa défense. Ils inversèrent le rapport de force, faisant reculer les troupes d'Haftar qui étaient sur le point de conquérir Tripoli.

Ces supplétifs arabes et turkmènes sont au nombre de 7000 en Libye. Ils proviennent de diverses milices pro-turques stationnées à Idleb en Syrie. Notamment les Turkmènes de la Division Sultan Mourad et de la Brigade Suleyman Shah, et les Arabes du Front du Levant. Ankara avait utilisé ces djihadistes lors de son offensive d'octobre 2019 contre les milices kurdes en Syrie. Ils y avaient commis de nombreuses atrocités. La cruauté la plus démentielle fait partie de leur *modus operandi*. Tout fanatique qu'ils soient, ils sont assez bien payés pour aller se battre en Libye. Ils signent un contrat renouvelable de 2000 à 3000 dollars par mois. S'ils meurent au combat (ils ont un taux de pertes très élevé), Ankara offre la nationalité turque à leur famille.

De son côté, Haftar emploie des mercenaires venus des milices pro-Assad, payés 1 000 dollars par mois. Quand ils reviennent en Syrie, l'armée russe leur offre quelques avantages. Le conflit syrien s'est en quelque sorte transposé en Libye. Là aussi, comme en Syrie, l'impérialisme néo-ottoman d'Erdogan trouve face à lui la Russie de Poutine. Celle-ci, dans une longue perspective historique datant de Catherine II au XVIIIe siècle, se projette vers les mers chaudes, en l'occurrence la Méditerranée. Erdogan cherche à étendre la puissance turque sur la Méditerranée et l'Asie centrale comme le firent les sultans ottomans qui lui servent de modèles. Les deux expansions se heurtent comme elles le firent pendant des siècles.

Paradoxales relations turco-russes

De nos jours, des variantes se sont glissées dans ce jeu. L'antagonisme turco-russe n'est pas exempt d'espaces propices à des synergies, loin de là. Dépourvue de ressources énergétiques (hormis l'hydroélectricité), la Turquie dépend fortement de ses importations de pétrole et de gaz russes. Le gazoduc Turkish Stream relie la Russie à la Turquie à travers la Mer noire. C'est au point qu'Ankara redouta que Moscou ferme les robinets lors de la brouille de novembre décembre 2015 causée par la destruction d'un chasseur-bombardier russe. C'est une milice djihadiste inféodée aux Turcs qui avait tiré sur l'avion.

Le géant russe Rosatom construit depuis 2015 la centrale nucléaire d'Akkuyu dans le sud de la Turquie. Celle-ci exporte des produits agroalimentaires vers la Russie. Le soleil méditerranéen attire une multitude de touristes russes dans les stations balnéaires turques. Pour essayer de détacher la Turquie de l'OTAN, la Russie lui a vendu l'un des plus beaux fleurons de sa technologie militaire : des batteries de missiles antiaériens S400. Washington ayant puni la Turquie de ce coupable achat (elle est membre de l'OTAN) en lui retirant la licence de fabrication du chasseur-bombardier F-35, Ankara souhaite acheter son équivalent russe, le Sukhoï Su-57. Moscou et Ankara développent une coopération militaire dans les domaines aéronautique et aérospatiale.

Les synergies turco-russes sont d'autant plus importantes que l'obsession anti-russe de Washington servilement relayée par les Européens rejette la Russie vers le camp anti-occidental, notamment la Chine et la Turquie d'Erdogan. La Russie est bien obligée de chercher ailleurs les partenariats que les Américains et les Européens lui refusent.

Crise franco-turque liée à l'embargo sur la Libye

Trois illuminations radar, coup sur coup. À bord de la frégate française Courbet, les nerfs étaient à vif. Ces trois illuminations provenaient d'un navire de guerre turc. Fallait-il déclencher un tir de riposte ? C'est la règle, dans toutes les marines de guerre. Quand on est la cible d'une illumination radar, ça signifie qu'on va recevoir une torpille ou un missile dans les secondes qui suivent. Le projectile se guidera sur les ondes radar générées par cette illumination. Mais le commandant du Courbet ne donna pas l'ordre de riposte. Ça consistait à parier que les illuminations radar ne seraient pas suivies d'une attaque. Peut-être se conformait-il à des ordres de sa hiérarchie ? En tout cas, il fallait du sang froid !

Pourquoi ce comportement démentiel du navire turc ? Il escortait le Cirkin, un cargo repéré depuis plusieurs semaines pour ses allées et venues entre la Turquie et le port libyen de Misrata contrôlé par le Gouvernement d'union nationale soutenu par la Turquie. On savait que le Cirkin, escorté de façon suspecte à chaque voyage par des frégates turques, violait en réalité l'embargo sur les armes à destination de la Libye décrété par l'ONU. On savait que le Cirkin avait déjà débarqué des chars M-60 et des missiles de défense aérienne Hawk sur le sol libyen. Cet armement était destiné à la Division Sultan Mourad, un groupe djihadiste du réduit syrien d'Idleb qu'Erdogan avait expédié en Syrie soutenir le gouvernement de Tripoli contre le maréchal Haftar. Autre élément suspect : le Cirkin avait coupé son système radio AIS deux jours après son départ de Turquie. Prenant le relais d'une frégate grecque déjà éconduite, le Courbet s'est approché du Cirkin pour le contrôler. C'est alors qu'il essuya trois illuminations radar. Bilan de la mission : le Cirkin poursuivit sa route sans être contrôlé.

Imaginons que le commandant français ait déclenché le feu. Qu'il ait coulé le navire turc. Que le second navire escorteur du Cirkin ait riposté et coulé le Courbet. Un événement aussi grave pouvait déclencher une guerre franco-turque. Le commandant turc qui donna à trois reprises l'ordre d'illuminer la frégate française était-il fou ? Comment pouvait-il être sûr que le Courbet ne riposterait pas quand son commandant avait quelques secondes pour prendre sa décision avec un enjeu de vie et de mort ? Le commandant turc ordonna-t-il ces illuminations par impulsivité ou par obéissance à des ordres imposant cette ligne de conduite en de telles circonstances ? Quelle que soit la réponse, c'est très inquiétant. Cet événement démontre l'inflammabilité turque. Elle est une épée de Damoclès suspendue au-dessus de la paix en Europe. Ce n'est pas la Russie de Vladimir Poutine qui menace le Vieux Continent. C'est la Turquie d'Erdogan. Comme à l'accoutumée, on ne regarde jamais dans la bonne direction quand on cherche à anticiper le danger.

La Turquie a-t-elle les moyens militaires pour représenter un véritable danger ? Oui, c'est la deuxième armée de l'OTAN. Elle est moderne, bien entraînée, bien équipée. Ses drones de fabrication turque et israélienne ont assuré une éclatante victoire aux troupes azerbaïdjanaises dans le Haut-Karabakh. En face, les Européens ont bradé leurs armées. La France est le seul pays d'Europe à posséder encore une armée de grande puissance, mais épuisée par des décennies de réductions budgétaires, de dotations indigentes en chars, bateaux, avions, missiles et drones, de diminution des effectifs. Elle dispose de l'arme nucléaire ? Oui, mais s'en servirait-elle contre une Turquie non nucléaire ? Un conflit militaire franco-turc strictement conventionnel pourrait réserver de mauvaises surprises…

Crise gazière en Méditerranée orientale

10 août 2020 : la coque blanche et rouge d'un énorme bateau ventru se reflétait dans les eaux bleues de la

Méditerranée, entre la Grèce et Chypre, à 60 miles marins (près de 100 km) au sud de l'île grecque de Kastellorizo. Deux frégates aux couleurs turques accompagnaient ce monstre qui avait plongé un immense derrick dans les flots. L'Oruç Reis forait en mer pour chercher du gaz. Il était en train de violer les eaux territoriales grecques.

Athènes dépêcha ses bateaux de guerre sur la zone. L'un d'eux entra même en collision avec un navire militaire turc. Venant au secours de la Grèce avec panache, Emmanuel Macron envoya deux navires de guerre et deux Rafale sur les lieux. Le Président signifiait clairement à la Turquie que si elle attaquait la Grèce, elle attaquait aussi la France. Il fut le seul dirigeant européen à défendre la patrie de Socrate et Platon. L'Union européenne fut d'une désespérante mollesse, l'OTAN aussi. Pourtant, deux pays membres de ces deux organisations étaient aux prises, l'un violant les eaux territoriales de l'autre, donc le droit international. L'Allemagne assurait la présidence semestrielle de l'UE. Il n'était pas question pour Angela Merkel de fâcher les Turcs. Quant aux Américains, ils ne voulaient pas se brouiller avec la Turquie, deuxième armée de l'OTAN, qui abrite leur base aérienne géante d'Incirlik où sont entreposées une cinquantaine de bombes atomiques. Elle est un emplacement stratégique pour l'OTAN.

La tension monta encore lorsque, du 26 au 28 août, la France, l'Italie, la Grèce et Chypre effectuèrent un exercice naval dans le sud et le sud ouest de cette dernière. La France y était représentée par trois Rafale, une frégate et un hélicoptère. Objectif : faire respecter le droit international et préserver la paix en Méditerranée. La Turquie répondit par des manœuvres militaires rivales. Et par les menaces du Président turc : Erdogan avertit que son pays ne ferait « *aucune concession* » pour défendre ses intérêts gaziers en

Méditerranée orientale, appelant la Grèce à se garder de commettre toute « *erreur* » qui mènerait à sa « *ruine* ».

Toutefois, pour « *donner une opportunité à la démocratie* », le 13 septembre Ankara rappela au port l'Oruç Reis dont le déploiement en Méditerranée orientale avait porté la tension à son comble. Le 22 septembre, furent annoncés des pourparlers à l'issue d'une conférence téléphonique entre Erdogan et Merkel (une de plus) à laquelle participait le président du Conseil européen, Charles Michel. Rien qui puisse effrayer le sultan turc. Le dernier round de « *pourparlers exploratoires* » visant à régler les différends gréco-turcs en Méditerranée orientale avait eu lieu en 2016. On a vu la solidité de leurs résultats...

Erdogan fit plus attention à l'OTAN. Les Américains, qui en sont les maîtres tout puissants, avaient quand même fini par lui dire de se calmer. Dans le cadre de l'alliance, il accepta de signer avec la Grèce un accord prévoyant un mécanisme pour éviter un conflit. Ça vaut ce que ça vaut...

Une des retombées positives de cette crise fut la commande par la Grèce de 18 Rafale, 12 étant prélevés sur la dotation de l'armée française pour aller au plus pressé, 6 étant mis en fabrication sur les chaînes de montage de Dassault. C'était la première fois qu'un pays européen passait une commande de Rafale (qui sont des avions omnivalents) au lieu d'appareils américains. Jusque-là, les achats avaient émané d'Afrique et d'Asie. Pourquoi les Grecs ne choisirent-ils pas un fournisseur américain ? Ils sont des clients habituels de la firme Dassault, à laquelle ils ont acheté de nombreux Mirage dans le passé. Et puis ils savent que le chouchou de Washington, c'est la Turquie, pas eux. En cas de guerre, il vaudrait mieux compter sur la France pour la fourniture de pièces détachées...

Source du litige gréco-turc : le traité de Lausanne de 1923

La crise turco-grecque était-elle définitivement enterrée pour autant ? Certainement pas. Les enjeux sont faramineux. La Méditerranée orientale recèle d'immenses réserves de gaz. Leur découverte est récente. Les gisements sont encore loin d'avoir été tous repérés. Les prospections battent leur plein dans un climat fébrile. Tous les pays riverains s'estiment concernés : la Grèce, la Turquie, Chypre, la Syrie, le Liban, Gaza, Israël, l'Égypte, la Libye. Cette manne providentielle rembourserait des dettes publiques parfois abyssales. Elle consoliderait ou rétablirait la confiance des marchés financiers dans les pays bénéficiaires de sites de forage. De quoi porter les passions à incandescence.

Quand fut signé le traité de Lausanne, en 1923, sous l'impulsion d'Atatürk désireux de corriger le traité de 1920, celui de Sèvres, on ne parlait pas de gisements gaziers sous-marins. La technologie de l'époque ne permettait pas de forer dans les fosses méditerranéennes, à 2 000 ou 3 000 mètres de profondeur, pour en extraire du gaz. Le partage des eaux territoriales n'intéressait que les marins pêcheurs. C'est pourquoi le sourcilleux Atatürk ne prêta guère d'attention aux clauses du traité de Sèvres concernant la répartition des eaux territoriales en Méditerranée orientale. La Grèce s'y taillait la part du lion. C'était l'effet mécanique de la poussière d'îles en sa possession dans la mer Égée et en Méditerranée orientale, dont Kastellorizo, à 2 km de la côte sud de la Turquie et à 570 km au sud-est d'Athènes. Cette île de 9 km^2 étire les eaux territoriales grecques très loin en Méditerranée. Pour la Grèce, c'est la promesse d'un immense pactole gazier et la fin de son calvaire financier. Pour la Turquie, dépourvue d'autonomie énergétique, c'est une frustration que la crise économique rend encore plus insupportable. Ce conflit d'intérêts est explosif. Erdogan souhaite renégocier le traité de Sèvres qu'il juge inique, à raison. Athènes s'y oppose. Le poids de l'Histoire ne facilite pas la recherche d'un compromis : la Grèce conserve un souvenir pénible de quatre siècles d'oppression ottomane et de l'atroce répression subie durant sa guerre de libération de 1821 à 1829.

Le comportement agressif d'Erdogan n'aide pas non plus. Fin février 2020, il déclara ouverte sa frontière avec la Grèce après y avoir acheminé par cars, de gré ou de force, des milliers de migrants. Erdogan violait ainsi l'accord signé en 2016 avec l'Union européenne lui imposant de garder les demandeurs d'asile sur son sol. Promettre en 2015 au satrape 3 milliards d'euros (devenus 6 milliards) au lieu de le tenir en respect par des menaces de coercition économique et financière l'avait enhardi. Le comportement de dame patronnesse d'Angela Merkel avait bouffi d'orgueil le président turc devant son opinion publique. Le général de Gaulle s'y serait pris autrement... Athènes dut user de violence pour contenir cette foule de migrants. La pandémie de Covid 19 vint à son secours. Le 27 mars 2020, Erdogan refoula ces migrants qu'il mit en quarantaine dans des centres d'hébergement à travers la Turquie.

En fait, Erdogan ne limite pas ses offensives frontalières à l'exploration gazière. Fin mai 2020, des soldats turcs occupèrent brièvement un petit morceau de territoire grec (1,6 hectare) au nord-est du pays, à la frontière gréco-turque matérialisée par le fleuve Evros. En Grèce, l'émoi fut intense. En 1996, alors qu'Erdogan n'était pas encore au pouvoir, il y avait eu un précédent coup de boutoir territorial. L'armée turque avait occupé les îlots grecs inhabités d'Imia en mer Égée. L'affaire avait été chaude. Seule l'intervention du président Bill Clinton avait évité l'affrontement militaire entre la Grèce et la Turquie. Les relations entre ces deux pays sont un volcan qui ne s'éteint jamais.

La position officielle d'Ankara est que ce qui est nommément inscrit dans le traité de Lausanne comme grec est grec. Tout le reste, comme les îlots d'Imia, sont des «*zones grises*» sujettes à négociations. Au regard de la récente découverte du potentiel gazier de la Méditerranée orientale, il faut s'attendre à d'autres coups de force comme celui des îlots d'Imia.

Mainmise d'Erdogan sur les eaux territoriales chypriotes

Il est une autre cible d'Erdogan en matière d'eaux territoriales : Chypre. Depuis plusieurs années la Turquie mène des explorations gazières intensives dans ses eaux territoriales riches en gaz. La méthode est toujours la même : un navire de forage, en l'occurrence le Yavuz, escorté par une frégate turque, opérant au sud-ouest de Chypre, violant sans la moindre vergogne ses eaux territoriales. Ankara estime qu'elles appartiennent à la République turque de Chypre du Nord (RTCN), une entité reconnue uniquement par la Turquie, née de sa conquête militaire de l'île en 1974. Officiellement, l'île de Chypre, dont le tiers nord est toujours sous occupation militaire turque, est membre de l'UE. Depuis 2005, date de l'ouverture des négociations d'adhésion de la Turquie, l'UE et les Occidentaux en général menacent Ankara de rétorsions s'il ne reconnaît pas la souveraineté de Chypre. Erdogan s'en moque éperdument. Il sait que les États-Unis n'ont rien à refuser à la Turquie. Et que les dirigeants de l'UE sont tout à fait inoffensifs. Les rétorsions économiques et financières, ils les réservent à la Russie.

Alors, pourquoi se gêner ? En février 2018, les groupes français Total et italien ENI annoncèrent la découverte d'importants gisements gaziers au sud-ouest de Chypre. L'ENI dépêcha un navire d'exploration sur les lieux. Cinq frégates turques le sommèrent de faire demi-tour sous peine de recourir à la force, c'est-à-dire de le couler. Erdogan avait prévenu les compagnies internationales voulant prospecter dans les eaux chypriotes : il n'en était pas question. Il estimait défendre les « *droits inaliénables* » de la communauté chypriote turque sur les ressources naturelles de l'île.

Début octobre 2020, les dirigeants de l'UE réunis à Bruxelles proférèrent de nouvelles menaces de sanctions à l'encontre de la Turquie si elle ne cessait pas ses forages dans les eaux de Chypre. Ça, c'était le bâton. La carotte, c'était la proposition de relancer la discussion sur la « *modernisation de l'Union douanière* », c'est-à-dire de nouveaux avantages économiques pour la Turquie, si elle obtempérait. Erdogan a rejeté ces menaces…

Alliance gazière entre la Turquie et la Libye

Erdogan fait feu de tout bois en Méditerranée orientale. Sa stratégie de soutien au gouvernement libyen de Tripoli (GNA) dirigé par Faïez Sarraj et dominé par une noria de milices islamistes obéit notamment à une motivation gazière. Celle-ci s'est concrétisée dans la signature le 27 novembre 2019 d'un accord avec la Libye agrandissant beaucoup la Zone économique exclusive (ZEE) turque en Méditerranée orientale. Cette extension empiète sur de vastes zones convoitées par la Grèce, Chypre et l'Égypte. En effet, l'accord turco-libyen trace une frontière maritime allant du sud-ouest de la Turquie au Nord-est de la Libye. Le préjudice porte sur l'appropriation des gisements présents dans cet espace maritime très étendu. En outre il oblitère le projet de construction de gazoduc East Med élaboré par Israël (dont la ZEE est riche de plusieurs gisements), Chypre, la Grèce et l'Italie afin d'acheminer le gaz méditerranéen vers l'Europe. Erdogan prévint que les bateaux étrangers aux deux pays signataires qui viendraient prospecter ou forer dans cette zone le paieraient cher.

Le Président turc apporte toute l'aide possible en combattants et en armes à Faïez Sarraj parce que son renversement par le maréchal Haftar mettrait fin à l'accord maritime turco-libyen.

Fronts anti-turcs en Méditerranée orientale

Les pays contestant cet accord se réclament de la Convention des Nations unies sur le droit de la mer (CNUDM) signée en 1982 et ratifiée par 157 États. Cette convention établit les règles présidant à la répartition des zones d'expansion économique (ZEE) en mer. À savoir une bande limitée par la ligne des 200 miles nautiques (370 km) à partir de la ligne de base en l'absence d'autre rivage. Si le rivage le plus proche est situé à moins de 200 miles nautiques, on trace la frontière à mi-distance des lignes de base des deux pays riverains.

La Turquie n'est pas « État-partie » de la CNUDM de 1982. La Libye non plus, elle n'en est que signataire. La Turquie a donc fondé son accord avec la Libye sur d'autres critères que ceux de Montego Bay. Elle se réfère au plateau continental sous-marin. L'Union européenne a désavoué cet accord « *contraire au droit de la mer* » qui viole notamment les droits souverains de la Grèce.

Les pays lésés par le coup de force turco-libyen se sont organisés pour riposter. Le 6 août 2020, le Parlement grec a ratifié un accord bilatéral sur la délimitation des zones maritimes entre la Grèce et l'Égypte. Le traité autorise ces deux pays à tirer chacun le maximum d'avantages des ressources disponibles dans cette ZEE qui leur est commune, notamment le gaz et aussi le pétrole. Il s'ajoutait à un autre traité du même genre ratifié avec l'Italie.

C'est en réaction à l'accord gréco-égyptien que, le 10 août, Erdogan envoya l'Orus Reis et son escorte de navires de guerre au large de l'île grecque de Kastellorizo.

La Grèce, Chypre et Israël ont cimenté leur union face aux revendications turques en signant un accord tripartite concernant le gazoduc East Med.

Face à la voyoucratie turque, les pays riverains organisent des fronts communs. Ils ne comptent pas sur l'Union européenne qui brille par son impuissance congénitale. Ni sur l'OTAN dont Washington refuse qu'il fasse la police en combattant l'armée turque.

La Méditerranée orientale, théâtre de guerres à venir

Erdogan ne renoncera jamais à ses prétentions en Méditerranée orientale L'enjeu gazier est mirifique. Et puis il tient là des *casus belli* revêtus d'une certaine légitimité aux yeux de son opinion publique. La nostalgie de la puissance ottomane de jadis, les amputations imposées par le traité de Lausanne, le « *complot occidental* » contre la Turquie et l'islam : tout cela rencontre un écho dans la psyché collective du pays. L'industrie turque porte une attention particulière aux constructions navales militaires. Erdogan veut une marine de guerre puissante pour servir ses ambitions en Méditerranée. L'autre fleuron de l'armement turc, ce sont les drones, sous la direction d'un gendre d'Erdogan.

Les pays de la Méditerranée orientale ne céderont pas devant les prétentions d'Erdogan. Ils savent qu'elles iront bien au-delà d'un simple rééquilibrage des frontières maritimes avec la Grèce. Le satrape d'Ankara veut la part du lion en matière de gisements gaziers au mépris du droit international de la mer. Et elles ne visent pas que les ressources en hydrocarbures. Erdogan se considère comme un nouveau sultan ottoman parti à la reconquête de la Méditerranée tombée aux mains des Infidèles. Des épisodes belliqueux sont à prévoir. Dans certains états-majors européens, l'hypothèse d'un conflit militaire avec la Turquie prend corps. La France pourrait être partie prenante à ces affrontements. L'importance relative et la capacité de projection de son armée l'y prédisposent. C'est, militairement, la plus forte des puissances latines. Face à la Turquie, les deux armées qui comptent en Méditerranée sont la française et l'israélienne.

« HEM » est l'acronyme d'Hypothèse d'engagement majeur. Selon *The Economist* du 30 mars 2000, c'est la dénomination du nouveau scénario sur lequel planchent les stratèges de l'armée française pour les dix prochaines années. Ils y intègrent un niveau de pertes jamais vu depuis la Seconde Guerre mondiale. L'ennemi ? La Russie, un pays d'Afrique du Nord, ou… la Turquie. Les guerres interétatiques impliquant l'Europe sont de retour.

La guerre par procuration du Haut-Karabakh

Des drones qui pulvérisent les chars à coups de missiles, des chasseurs-bombardiers et des hélicoptères qui lâchent des bombes au phosphore sur les forêts où se cachent des combattants. Elles ont ceci de particulier, ces bombes au phosphore, qu'elles infligent des blessures qui ne guérissent pas. Les chairs se consument pendant des semaines.

Voilà ce qu'ont vécu les soldats arméniens ayant défendu le Haut-Karabakh contre les troupes de l'Azerbaïdjan dans la guerre de l'automne 2020.

Cette guerre fut lancée à l'initiative de l'Azerbaïdjan. Derrière ce pays musulman majoritairement chiite duodécimain se tenait le sunnite Erdogan. Il avait incité le président Ilham Aliyev à attaquer le Haut-Karabakh (rebaptisé Artsakh en 2017). Ce qu'il fit le 27 septembre 2020 en bombardant Stepanakert, la capitale. Le même jour, Aliyev signa une déclaration officielle de guerre. Les autorités du Haut-Karabakh décrétèrent aussitôt la mobilisation générale et la loi martiale. Celles de l'Arménie firent de même. Le Président Erdogan assura l'Azerbaïdjan du soutien turc «*avec tous nos moyens*». Promesse tenue : 850 djihadistes d'Idleb furent envoyés combattre aux côtés de l'armée azerbaïdjanaise. Comme pour la Libye, Erdogan puisait à volonté dans son vivier d'égorgeurs toujours prêts à guerroyer contre l'Infidèle où qu'il se trouve.

L'armée azérie enfonça rapidement les défenses arméniennes. Épouvantée, la moitié de la population du Haut-Karabakh quitta la région. Le 10 novembre fut signé un accord de cessez-le-feu sous l'égide de la Russie qui mit le holà à la percée azérie. Moscou considère le Caucase comme une arrière-cour dont il lui faut conserver le contrôle. Si Erdogan va trop loin dans cette région, il entrera en conflit avec la Russie.

L'armée azerbaïdjanaise avait remporté la victoire grâce à la supériorité écrasante de son armement. Elle était équipée de drones de fabrication turque TB2 produits par Baykar qui neutralisèrent efficacement la défense aérienne, l'artillerie et les blindés arméniens. L'armée turque a fait un large usage de ces drones contre les Syriens, les Kurdes, les troupes d'Haftar en Libye. Les Azerbaïdjanais utilisèrent aussi les drones israéliens kamikazes Orbiter K1 qui explosent carrément sur la cible en la percutant. Cette guerre fut une extraordinaire vitrine publicitaire pour les drones militaires. Elle a donné de quoi méditer aux états-majors du monde entier sur la nécessité d'équiper à grande échelle leurs armées de ces engins rendus très performants par les progrès du numérique. Des documents filmés par les opérateurs azéris montrent comment les chars, les transports de troupes, les groupes de fantassins, silhouettes noires sur les écrans lumineux, sont tout d'un coup foudroyés par un missile tiré d'un drone.

Au cours des années précédentes, Erdogan avait préparé Aliyev à ce conflit en le motivant et en aidant son armée à moderniser son équipement et ses méthodes. Il avait été l'âme de cette guerre qu'il mena par procuration. La victoire d'Aliyev, c'était la sienne.

L'Azerbaïdjan est riche du pétrole de la Caspienne, drainé notamment par l'oléoduc Bakou-Tbilissi-Ceyhan (BTC). Au cours des dernières décennies, les hydrocarbures ont dopé la croissance économique de ce pays de 10 millions d'habitants à très forte composante juvénile. Aliyev avait tout l'argent nécessaire pour s'offrir de beaux joujoux militaires. Il ne s'en privait pas. Il préparait la revanche de son pays sur les Arméniens.

En effet, la guerre du Haut-Karabakh de 1988-1994, à laquelle avait mis fin une trêve négociée par la Russie le 12 mai 1994, s'était soldée par une défaite militaire azérie. Le Haut-Karabakh avait réussi à sauvegarder au prix fort son indépendance vis-à-vis de Bakou. Entre 1990 et 1992, l'Azerbaïdjan lui avait imposé un blocus ayant provoqué une catastrophe humanitaire de grande ampleur. Coupés du monde, les habitants du Haut-Karabakh s'étaient organisés pour se nourrir et se défendre. Les deux camps déplorèrent beaucoup de morts. Il y eut des massacres. Les armées victorieuses du Haut-Karabakh étaient parvenues à conquérir un morceau de territoire azerbaïdjanais.

Une attaque de l'armée azerbaïdjanaise voulant sa revanche provoqua la « *Guerre des quatre jours* », du 2 au 5 avril 2016. Les Arméniens enrayèrent son offensive en abandonnant seulement 800 hectares de territoire.

L'Azerbaïdjan est un État officiellement laïque. Mais c'est un pays très majoritairement musulman tandis que l'Arménie et le Haut-Karabakh sont chrétiens. Il en résulte un antagonisme religieux qui nourrit la haine entre les deux pays.

Après l'affrontement de l'automne dernier, il fut convenu que l'Azerbaïdjan garderait les territoires conquis au Haut-Karabakh, ce qui provoqua un exode. Les Arméniens conserveraient un droit de passage via le corridor de Latchin et devraient installer un corridor en Arménie entre l'Azerbaïdjan et le Nakhitchevan. L'accord prévoyait également le déploiement de forces de paix russes pour cinq ans renouvelables et la création d'un centre d'observation russo-turc afin de contrôler le cessez-le-feu dans la région.

Pays turcophone, l'Azerbaïdjan cultive d'étroites relations avec la Turquie, malgré son chiisme duodécimain contrastant avec le sunnisme turc. Erdogan considère l'avancée azérie dans le Haut-Karabakh comme un pas vers l'établissement d'une continuité territoriale de l'Azerbaïdjan. Il projette de futures guerres qui permettraient de relier l'enclave azérie de Nakhitchevan (qui a une frontière commune avec la Turquie) au reste de l'Azerbaïdjan en annexant le territoire arménien qui les sépare. L'Azerbaïdjan deviendrait un pont entre la Turquie et l'Asie centrale turcophone. Ainsi pour Erdogan, cette victoire dans le Haut-Karabakh est déjà une concrétisation de son rêve néo-ottoman. Au-delà, il vise l'arrimage de l'Asie centrale turcophone à la Turquie.

L'Azerbaïdjan a de bonnes relations avec Israël. Il est le seul pays majoritairement musulman à avoir entretenu ce type de rapports avec l'État hébreu depuis sa création. Le 7 avril 1992, les deux gouvernements ont officialisé leurs relations diplomatiques bilatérales. L'aviation israélienne ferait escale sur une base azerbaïdjanaise en cas de bombardement de l'Iran. Pourquoi cette alliance ? Téhéran, qui se méfie des velléités indépendantistes de sa minorité azérie (12,5 millions de personnes), pourrait entrer en conflit avec son voisin bien que chiite lui aussi. L'Azerbaïdjan a cherché des alliances pour se prémunir contre cette éventualité. Israël est l'un des fournisseurs en armement de Bakou, qui paie rubis sur l'ongle en retour.

La Russie cultive aussi de bonnes relations avec l'Azerbaïdjan. La solvabilité de Bakou l'intéresse également. Elle lui a vendu le système de missiles antiaériens Pantsir qui a contribué à sa victoire. Toutefois, la Russie chrétienne orthodoxe protège l'Arménie, qui fut l'une de ses provinces. C'est pourquoi elle a empêché les troupes azerbaïdjanaises de pousser trop loin leur avance dans le Haut-Karabakh.

C'est un Soviétique, Staline, qui organisa en 1921 le foutoir dans cette région avec l'accord de Lénine. Il intégra l'oblast autonome du Haut-Karabakh (4 388 km^2, 95 % d'Arméniens) à la République socialiste soviétique d'Azerbaïdjan. Mais les territoires l'entourant étaient peuplés d'Azéris et de Kurdes. Objectif : affaiblir les Arméniens en les dispersant. Depuis la dislocation de l'URSS, le Haut-Karabakh lutte pour son indépendance ou son rattachement à l'Arménie. Les Arméniens considèrent cette région, riche en églises et monastères anciens, comme un trésor culturel témoignant de leur identité multiséculaire. Ils craignent la destruction de ces merveilles architecturales par les Azéris dans la zone qu'ils occupent. Il y eut un fâcheux précèdent au Nakhitchevan, qui proclama son indépendance en 1990. Les Azerbaïdjanais ont construit un site militaire à la place de l'ancien cimetière arménien qui était magnifique. Dans les années 1990, ils détruisirent les 89 églises arméniennes du Nakhitchevan. On a pu observer ce genre de destructions dans la zone de Chypre occupée par la Turquie qui y a installé des colons musulmans venus d'Anatolie.

Les obstacles à l'impérialisme d'Erdogan

L'impérialisme néo-ottoman d'Erdogan met la Turquie en contact avec trois pôles : la Russie, la Chine et l'Europe. Deux des trois lui font obstacle : la Russie et la Chine. Moscou entretient des relations économiques avec la Turquie tout en lui assignant en Syrie et dans le Caucase une ligne de démarcation géopolitique qu'elle se garde bien de violer. Les velléités impériales d'Erdogan en Asie centrale devront tenir compte du caractère sourcilleux du Kremlin. Pékin cultive aussi des relations économiques avec la Turquie et dans le même temps réprime férocement les Ouïghours musulmans turcophones de sa province du Xinjiang sans qu'elle s'y oppose. Il en va autrement du troisième pôle, l'Europe. Jusqu'à maintenant, elle a subi passivement les outrances d'Erdogan qui l'insulte, la rançonne et monte contre elle la diaspora turque y résidant. Des trois zones, l'Europe est celle de moindre résistance. Aussi le tyran d'Ankara lui réserve-t-il le meilleur de son agressivité. C'est dans sa direction qu'il portera le plus volontiers la guerre.

Chapitre IV

Subversion de l'Europe par Erdogan

Erdogan cherche à suborner les États et les sociétés européens par des armées de hackers. Et par les puissantes confédérations religieuses qui gèrent la diaspora turque du Vieux Continent.

La cyberguerre des hackers turcs

Un site Internet piraté dans lequel ont été glissées des phrases en turc accompagnées de photos d'un soldat brandissant une tête coupée et sanglante. C'est ce qui arriva en 2007 aux éditions Jean-Cyrille Godefroy. Précisément sur les pages du catalogue de la maison présentant les livres de l'historienne Bat Ye'Or (« *Les chrétiens d'Orient entre Jihad et dhimmitude* ») et les miens, notamment « *10 questions sur la Turquie et 10 réponses qui dérangent* ». Les hackers turcs avaient frappé. Un peu partout en Europe, ils piratent les sites de médias, d'institutions étatiques, de partis politiques, d'éditeurs… En novembre 2011, ils escamotèrent la page d'accueil de Charlie Hebdo. À la place figurait cet avertissement : « *Avec vos caricatures haineuses, vous attaquez le grand prophète de l'islam sous couvert de liberté d'expression. Que la malédiction de Dieu s'abatte sur vous. Nous serons votre malédiction dans le monde virtuel.* » En décembre 2011, le site de la députée UMP des Bouches-du-Rhône Valérie Boyer, à l'origine de la proposition de loi réprimant la négation des génocides, dont celui des Arméniens, perpétré en 1915, fut piraté. Il y eut des « *menaces de mort, de viol, de destruction et des injures et des insultes.* » Valérie Boyer précisa que les menaces visaient également ses parents et ses enfants. D'autres députés français en furent l'objet.

Les hackers turcs s'en prennent à toute critique de la politique anti-kurde d'Erdogan, de l'islamisme radical ou de la non-reconnaissance du génocide des Arméniens de 1915. Ce sont souvent des étudiants. Ces virtuoses de l'informatique pratiquent bénévolement la cyberguerre depuis longtemps. Ils ne se cachent pas vraiment. Il arrive même à certains de se vanter. Leurs groupes se choisissent des noms épiques comme Akincilar, qui fait référence à de légendaires cavaliers ottomans. Les autorités turques ne leur apportent aucun soutien officiel. Elles ont tout à fait les moyens de les bloquer. Elles s'en gardent bien. Erdogan est trop heureux du soutien gratuit de cette cyberarmée de fanatiques islamistes et panturquistes.

Millî Görüs, *cinquième colonne turque en Europe*

Mars 2021 : scandale politique à Strasbourg. La municipalité dirigée par une majorité Europe-Écologie-les Verts (EELV) a voté le principe d'une subvention de 2,5 millions d'euros pour relancer la construction de ce qui sera la plus grande mosquée d'Europe. Démarré en 2017, le chantier est à l'arrêt faute d'argent. L'édifice, qui coûtera au total 32 millions d'euros, a reçu le nom d'Eyyub Sultan.

C'était un compagnon de Mahomet. Le choix du lieu est hautement symbolique : outre sa légendaire cathédrale, la capitale alsacienne héberge aussi le Parlement européen.

La confédération islamique turque *Millî Görüs,* proche des Frères musulmans, porte officiellement ce projet. Le ministre de l'Intérieur, Gérard Darmanin, a déploré dans un tweet l'octroi de cette subvention à une mosquée « *soutenue par une fédération qui a refusé de signer la Charte des principes de l'islam de France et qui défend un islam politique* ».

Milli Görüs signifie « Voie nationale religieuse ». C'est en Allemagne que cette confédération est la plus représentée parce que la diaspora turque y compte au moins 3 millions de personnes, contre 800 000 en France. Fondée en 1969 à l'initiative de l'ancien Premier ministre Necmettin Erbakan, l'ex-mentor d'Erdogan, en tant qu'Union turque d'Allemagne, elle a pris son nom actuel en 1994. Objectif : fédérer la diaspora turque en Europe. *Millî Görüs*, dont le siège est à Cologne, gère 500 mosquées en Europe.

Sigmar Gabriel, alors ministre-président (SPD) de Basse-Saxe, mettait sur le même plan que le Hamas cette organisation comportant « *des sympathisants de Ben Laden* ». Les services secrets allemands ont placé sous étroite surveillance le *Milli Görüs* qui, depuis le milieu des années 90, a renoncé aux déclarations anti-occidentales et antisémites dans ses publications, tel le journal *Milli Gazete*.

Au départ, *Millî Görüs* n'aimait pas la tutelle du *Diyanet*, le ministère turc des Affaires religieuses, qui paie et contrôle les imams détachés en Europe. Mais l'arrivée au pouvoir d'Erdogan a modifié la situation. Celui-ci a demandé, il y a une dizaine d'années, aux Turcs de la diaspora de se rendre le plus visibles possible dans tous les domaines et partout en Europe : construction de mosquées aux minarets surplombants, entrisme forcené dans les instances de représentation de l'islam… *Millî Görüs* entretient des relations étroites avec l'AKP.

En France, *Millî Görüs* a pignon sur rue, en tant que membre du Conseil français du culte musulman (CFCM), au côté de l'autre grande association nationale musulmane turque, le Comité de coordination des musulmans turcs de France (CCMTF). Cette dernière, qui est la vitrine légale de l'islam turc, a refusé elle aussi de signer la Charte des principes de l'islam de France. Notre pays compte 2 500 mosquées. *Millî Görüs* en gère 70, le CCMTF 270. En janvier 2020, un homme de *Millî Görüs*, Fatih Sarikir, a été élu secrétaire général du CFCM. La France compte 151 imams issus de Turquie, dont 65 % sont des fonctionnaires payés par le *Diyanet* (ministère des Affaires religieuses). Il y en a 120 provenant d'Algérie, 30 du Maroc. Erdogan partage avec la plupart des fondamentalistes islamistes, quelle que soit leur nationalité, la conviction profonde que l'Europe est moralement décadente. C'est l'islam qui la régénérera. En attendant, Erdogan ne manque pas de faire la leçon aux Européens. Il s'en prit violemment à Emmanuel Macron après son discours sur l'assassinat du professeur Samuel Paty, mettant en cause sa « *santé mentale* » pour avoir défendu la liberté de caricaturer le prophète Mahomet. Il dénonça la loi sur le séparatisme islamiste (c'était sa dénomination initiale) et ordonna le boycott des produits français. Lui qui veut devenir Calife s'efforce d'apparaître comme le plus éminent défenseur de l'islam.

Pirates informatiques, *Millî Görüs*, Loups gris… : Erdogan étend ses tentacules sur l'Europe, à travers une diaspora tuque qui vote pour lui à 60 %.

Si la Turquie avait intégré l'Europe...

Sur les 35 chapitres des négociations ouvertes en 2005 concernant l'entrée de la Turquie dans l'UE, 16 ont été mis à l'étude et un seul validé. Autant dire que le maintien officiel de cette candidature n'est plus qu'une pantomime, bien que l'UE reconduise chaque année le versement de « fonds structurels » européens à la Turquie dans le cadre de ce processus. Il se trouve encore des Européens qui déplorent la non-admission. Si celle-ci avait eu lieu, disent-ils, elle aurait empêché la Turquie de basculer dans le camp du fondamentalisme islamique et d'entraîner le monde musulman dans une guerre de civilisation contre l'Occident.

Cette idée est chimérique. On ne réduit pas le loup à l'impuissance en lui ouvrant les portes de la bergerie. Comment une Europe qui n'ose même plus se proclamer « club chrétien », qui aspire à gommer toute identité pour se fondre dans un Grand Tout universel, comment ce corps mou ayant pour seule boussole le droits-de-l'hommisme aurait-il pu dominer l'islamisme turc conquérant ? L'Europe et la Turquie, c'est un couple de forces où la basse intensité est européenne, et la haute intensité turque : celle-ci aurait dominé celle-là.

L'Europe est fourbue et on lui aurait infligé une charge supplémentaire énorme. Comment imaginer qu'elle aurait pu renverser la vapeur turque ? Avec un surcroît de transferts sociaux alors qu'elle en est exsangue ? Un accroissement de la dette publique quand elle atteint déjà des sommets vertigineux ? Avec de l'emploi quand il fait cruellement défaut aux peuples européens, sauf exception ?

Les dirigeants européens ignorent la doctrine théocratique de l'islam et ils ont pour toute politique une bienveillance érigée en principe absolu. L'Europe, hébétée par la crise aiguë de ses propres valeurs, ne parvient même pas à maîtriser l'épidémie d'intégrisme islamique qui court dans ses banlieues, et elle prétend absorber une masse supplémentaire de 83 millions de musulmans. Sans compter de nombreux turcophones d'Asie centrale entraînés dans leur sillage.

En Turquie, la condition de la femme régresse : 300 féminicides en 2020. Le voile islamique se répand. Les féministes turques mènent un combat que l'hostilité croissante des juges à leur encontre, notamment dans les litiges avec leurs maris, rend de plus en plus désespéré. Le remplacement des juges kémalistes par leurs homologues islamistes produit ses effets. La tendance est au retour d'une jurisprudence inspirée de la *charia*. C'est cette société en voie de réislamisation que l'Europe aurait dû assimiler…

Il arrive que, dans les villes européennes, soient commis des crimes dits d'honneur par des familles issues de l'immigration musulmane : le père, les frères d'une jeune fille *« ayant fauté »* avec un non-musulman ou l'ayant épousé contre leur avis, mettent fin aux jours de la malheureuse. Ils appliquent ainsi la *charia* qui punit de mort une musulmane épousant un *« impie »*, un *« infidèle »*, ou faisant l'amour avec lui. Les textes religieux (le Coran), les *hadiths* [dires du prophète] et le *fiqh* [la jurisprudence] ne qualifient pas ces châtiments de *« crimes d'honneur »*, l'islam ne préconisant pas la peine de mort pour inconduite liée à l'honneur. Mais l'islam punit la transgression des interdits religieux. Une musulmane qui épouse un non-musulman enfreint un interdit religieux.

Le décalage des mentalités et des mœurs surcharge les systèmes éducatifs, judiciaires et sécuritaires des États européens. En France par exemple, ils sont arrivés à saturation alors que des prémisses de guerre civile apparaissent. Tout effort supplémentaire les disloquerait. Préexistante à la pandémie de Covid 19, mais accélérée par elle, la crise économique et financière mondiale réduit vertigineusement les marges de manœuvre des États européens et handicape leurs appareils intégrateurs.

CONCLUSION

L'esprit munichois des Européens face à la Turquie

Erdogan a toujours eu des convictions bien ancrées. « *La démocratie, c'est comme le bus : on descend au terminus* », aime-t-il à répéter. Il dit aussi : « *Il n'y a pas d'islam modéré et d'islam radical. Il y a l'islam tout court* ». Autre maxime : « *C'est l'islam qui régénérera l'Europe.* » Certains observateurs disent que ses convictions tournent au gré du vent. Non, il n'a jamais perdu de vue l'essentiel à ses yeux : le rétablissement de la splendeur ottomane fondée sur l'unité du Politique et du Religieux, dont le Califat ottoman était la quintessence institutionnelle. Certaines sinuosités de sa pensée furent des concessions tactiques aux impératifs de l'action politique. En fait il y a eu peu d'acteurs historiques qui aient eu une telle solidité de convictions, de leur jeunesse jusqu'aux 67 ans qu'il a aujourd'hui. Il poursuivra implacablement sa politique étrangère néo-ottomane.

Les dirigeants européens n'ont toujours pas compris cela. Les présidents de la Commission européenne Ursula von der Leyen et du Conseil européen Charles Michel ont fondu parce que, à partir de la fin 2020, le président Erdogan a donné des signes d'apaisement après avoir mis sous haute tension la Méditerranée orientale pendant des mois au sujet des gisements de gaz sous-marin. Profondément remuée, l'Union européenne s'est dite prête à engager la modernisation de l'Union douanière [comprendre l'abaissement des tarifs sur les produits turcs] et à négocier des facilités de visas pour les ressortissants turcs. Gageons que l'accalmie ne sera pas durable. Erdogan administre la douche écossaise, le froid et le chaud. Une fois qu'il a obtenu ce qu'il demande, il exige encore plus. Il profère à nouveau des insultes et des menaces et il multiplie les coups de force. C'est la technique du maître chanteur. Il tétanise les dirigeants européens avec l'épée de Damoclès des 4 millions de réfugiés syriens vivant en Turquie. Il joue les terreurs en Méditerranée orientale. Il se sert du *Millî Görus* pour échauffer la diaspora turque en Europe. Ses collusions avec les groupes djihadistes d'Idleb lui donneraient les moyens de lancer des actions terroristes sur le Vieux Continent si d'aventure il en voyait l'utilité.

L'attitude des dirigeants européens vis-à-vis d'Erdogan fait irrésistiblement penser à celle des chefs des démocraties face à Hitler lors de la signature des accords de Munich en 1938. On ne peut que se remémorer une fois de plus le fameux commentaire de Churchill : « *Vous avez eu à choisir entre la guerre et le déshonneur. Vous avez choisi le déshonneur et vous aurez la guerre.* » On n'en est pas encore là avec la Turquie, dira-t-on. Certes, mais l'Histoire enseigne que les événements s'enchaînent très vite parfois. Et qu'il vaut mieux les voir venir de loin pour y faire face.

Bien que Washington freine des quatre fers, la trajectoire de la Turquie d'Erdogan la déporte progressivement hors de l'OTAN. Ankara se détourne de ses alliances atlantiques héritées de la Guerre froide au profit de rapprochements continentaux avec la Russie et la Chine. Cerise sur le gâteau : il faut s'attendre à ce que, le moment venu, Erdogan annonce qu'il va équiper la Turquie de la bombe atomique…

TABLE DES MATIÈRES

Cet ouvrage a été composé
par Atlant'Communication
au Bernard (Vendée)

Impression réalisée par Corlet

en avril 2021

Imprimé en France
N° d'édition : 313 – N° d'impression : 21040168
Dépôt légal : avril 2021